성경의 맥잡기

6권 민감함과 세세한 회복(다니엘~에스겔)

에듀랜드 Eduland

● 에듀랜드는 Education, Land의 합성어로 '교회교육이 숨쉬는 땅'을 표현하는 기독교교육연구원의 상징입니다.

'성경의 맥잡기'를 내면서

종교학자 골드만(Ronald Goldman)은 하나님과의 진정한 관계를 확립할 수 있는 종교적 사고기가 가능한 연령을 청소년으로 보고 있습니다.

청소년기는 자아를 정립해가는 '나를 찾는 시기'이자 '내가 누구인가'에 대해 깊이 사고해 볼 수 있는 시기이며, 동시에 영적인 신앙성숙을 위해서 '나의 믿음'을 찾는 중요한 시기이기 때문입니다.

이렇게 중요한 시기를 살고 있는 청소년들의 교회교육을 담당하고 있는 교회의 교역자와 교사들은 현재 청소년들을 이해함에 있어서, 또한 성경공부를 진행함에 있어서 많은 어려움을 겪고 있는 것이 사실입니다.

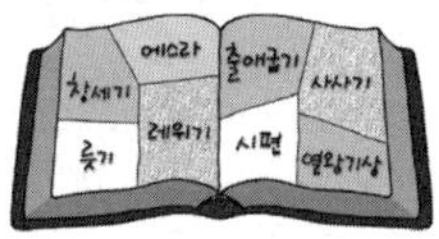

너무나도 고속으로 변하는 환경들과, 세상의 과학문명과 입시 위주의 일반학교 행정의 수레바퀴 속에서 숨쉬기조차 어려운 청소년들을 교회에 수용하기란 많은 어려움이 있기 때문이며, 또한 그동안 성경이야기 중심으로 학습했던 아동기적 성서교수의 틀을 변용시킬 수 있는 지혜들을 모으는 과정이 필요한데, 청소년에 맞는 성서학습 내용이나 전달 방법의 연구에서 교사들이 여러 가지 한계를 갖고 있기 때문입니다.

이러한 이해를 바탕으로 본 교재는, 성경을 하나의 커다란 그릇으로 생각하고 창세기로부터 맥을 따라 통독 형식으로 진행해 가면서 청소년들에게 성경의 전체 흐름과 하나님이 오늘 우리에게 주시는 메시지를 잡을 수 있도록 연구한 것입니다.

때로는 많은 내용을 간추려 진행하므로 세세한 말씀의 내용을 담지 못하는 경우도 있지만 현재 우리에게 꼭 필요한 성경이 주시는 말씀의 메시지를 제시하려고 노력했습니다.

본 교재를 통해서 청소년들이 다시 즐거운 마음으로 성경을 펴게 되었으면 좋겠습니다. 성경의 맥잡기는 성경 전체를 향하여 시리즈로 계속됩니다.

본 교재의 집필을 담당해 주신 한수광, 이동식, 안정도, 선우준, 황경록님께 감사드립니다.

교회에서 주일 성서학습 시간이나 특별모임시간 등에 청소년들을 위해 사용해 주십시오.

제6권 민감함과 세세한 회복

CONTENTS

I·N·T·R·O

다니엘서와 에스겔서를 다루며

아브라함 요수아 헤셸의 『예언자들』이라는 책에 '예언자란 도대체 어떤 사람인가?'에 대한 몇 가지 언급이 있다. 예언사들의 성격 중에서, '악에 대하여 민감한 사람'이고, '사소한 일들의 중요성을 인식하는 사람'이라고 한다.

'예언자들은 하찮고 작은 잘못이나 악 혹은 실수에도 난리 법석을 떨고 시시한 문제에도 극단적인 말을 낭비하는 사람이다' 라고 한다. 왜냐하면 작은 불의라도 우주의 균형에 관계 된다고 보기 때문이다.

그리고 더욱 중요한 것은 예언자는 인간의 작은 일에 하나님이 관심을 가지신다는 것을 인식한다는 것이다. 그래서 예언자들은 하나님이 사람의 형편을 살피시고 대처하는 분이며 사소한 사람의 삶에 어떻게 역사하는지 보여주고 예견하고 묘사한다.

이렇듯 죄와 하나님의 계명과 명령에 대한 민감함과 사소하지만 세심한 사람의 삶에 대한 하나님의 배려를 잘 볼 수 있는 성경이 바로 다니엘서와 에스겔서이다. 이번에 우리가 다룰 다니엘서와 에스겔서는 죄악의 문제와 신앙 생활에서 민감하게 살아가는 모습을 우리에게 잘 보여준다. 또한 두 책은 신앙을 회복하거나 지키는 사람들에게 하나님이 그들의 삶의 자리에 어떻게 역사하시는지, 희망 없는 곳에서 생명의 부활을 어떻게 주시는지를 잘 보여준다.

본 교재를 통해서 삶에 대한 민감함으로 신앙인으로서의 자리를 회복하며, 하나님이 어떻게 우리에게 간섭하시고 역사하시며, 예비하시는지를 보게 되길 소망한다.

민감함과 세세한 회복

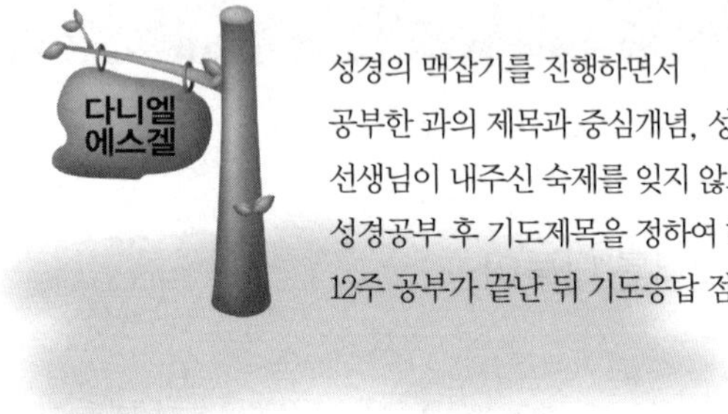

성경의 맥잡기를 진행하면서
공부한 과의 제목과 중심개념, 성경 본문을 적고,
선생님이 내주신 숙제를 잊지 않도록 기록합니다.
성경공부 후 기도제목을 정하여 한 주 동안 계속 기도하시고
12주 공부가 끝난 뒤 기도응답 점검을 서로 나누시기 바랍니다.

맥 다이어리

주	출석	이번주 공부한 맥	기도제목	응답
1				
2				
3				
4				

보기	OK	도전 골든벨(단 2:1~23) 하나님께 지혜를 구하자.

주	출석	이번주 공부한 맥	기도제목	응답
5				
6				
7				
8				
9				
10		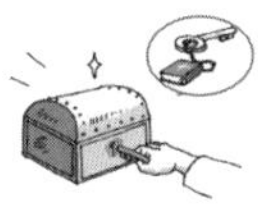		
11				
12				

다음주 맥 2과 오늘의 성경말씀 외워오기	말씀시간과 기도시간에 졸지 않고 예배를 잘 드리게 도와 주세요.	아직 진행중

교재의 구성

ORGANIZATION

과 제목 – 그 과의 내용을 가장 잘 담고 있다고 생각되는 상징적인 말을 담았습니다.

맥짚어 보기 – 오늘 배우려는 과가 전체의 흐름 가운데 어디쯤에 있는지를 먼저 짧게 살피는 부분입니다. 맥잡기 VI권의 전체 흐름과 주제, 각 과의 전개 내용을 확인합니다.

오늘 만나게 될 말씀 – 성경을 꼼꼼이 보는 교재가 아니므로 한 과가 담는 성경이 꽤 많고, 넓습니다. 따라서 오늘 만나게 되는 중요한 성경말씀을 먼저 알게 했습니다.

여는 활동(도입) – 과를 편하게 열 수 있게 해주는 다양한 활동으로 함께합니다. 주로 청소년들이 알고 있는 게임과 활동으로 그 과의 학습에 도움이 되는 것들입니다. 여는 활동인 만큼 활동적으로 진행해 주시기 바랍니다.

밝은 눈으로 살피기 – 성경본문의 내용이 있는 부분입니다. 부분에 매여 있으면 안되고, 언제나 성경의 큰 흐름 안에 분명히 있도록 한 곳입니다.

맑은 맘으로 깨닫기 – 오늘 배운 것을 짧게 정리해 주는 마무리 말입니다. 친구의 언어로 표현했습니다. 성경공부를 통해 어떤 것을 확인하고 배웠는지 알게 될 것입니다.

바른 삶 가꾸기 – 배운 것에 대한 삶 속에로의 적용입니다. 말씀이 삶으로 이어지게 하는 부분이므로 이곳까지 성실하게 다루어야 합니다.

교사용 교재 – 기독교교육연구원 홈페이지(www.ceri.co.kr) 성경의 맥잡기 교사 지침서 배너를 클릭해 다운 받으시면 됩니다.

책 속의 사전 – 내용에서 이해하기 어려운 단어나 반드시 짚고 넘어가야 할 중요한 단어에 대한 부연 설명입니다. '책 속의 사전'을 사용해 보다 심화된 성경공부를 진행할 수 있습니다.

효율적인 성서학습 진행을 위해

PROGRESS

'성경의 맥잡기' 과의 모든 내용을 제대로 다루기 위해서는 약 40분의 시간이 필요하다. 그러므로 교사들은 교회 상황에 맞게 지혜를 모아야 한다.

보통의 중 · 고등부의 경우 30분 이내의 성서학습 시간이 배정되어 있는데 출석을 부르고 안부를 묻다보면 실제로 성경공부 시간에 할애할 수 있는 시간은 20~25분 정도에 불과하다. 40분 분량으로 구성된 "성경의 맥잡기"를 쉽게 줄여 사용하기는 어렵기에 본 페이지에서는 "성경의 맥잡기"를 효율적으로 진행할 수 있는 아이디어를 소개하고자 한다.

1. **전체 진행 확실히 익히기** : 교사가 전체 맥락을 확실히 이해하고 있다면 낭비되는 시간이 없이 적은 시간이라도 충분히 진행할 수 있다.

2. **성경말씀 찾기의 단순화** : 많은 것을 가르치기보다 한 가지를 확실하게 가르치는 것이 더 효율적이다. 성경공부에서 인용말씀을 찾는데 많은 시간이 필요하므로 되도록 '오늘의 성경' 말씀만 찾고 나머지 인용말씀은 교사가 미리 작성해 나눠주면 많은 시간을 단축시킬 수 있다.

3. **도우미 건너뛰기** : 도우미는 교재에서 다루어 지는 내용을 보다 심화해서 다루기 위한 장치이기에, 교사의 추가 설명이 필요한 경우에만 문제를 푸는 과정 중에 설명해 주도록 한다.

4. **진행에서 축소시키기** : 문제풀이에 있어서도 교사가 설명할 수 있는 부분은 설명으로 지나가고, 학생들의 생각을 나누는 부분에서는 한 두명 정도만 나눌 수 있도록 한다.

5. **효율적인 '성경의 맥잡기' 진행을 위한 모범적인 시간 배정**

도입	밝은 눈으로 살피기	맑은 맘으로 깨닫기	바른 삶 가꾸기
5~7분	10분	2분	5~7분

1

To be or not to be

맥짚어 보기

거룩함의 수호자

히스기야 시대에 하나님의 도우심으로 기적으로 앗수르의 침략(산헤립)을 막아낸 유다는, 얼마가지 못해서 신흥강국 바벨론에게 또 다시 침공을 받습니다. 예루살렘을 점령한 바벨론은 식민 지배를 위해 왕족과 귀족 및 많은 엘리트들을 바벨론으로 잡아갔습니다. 그들에게 바벨론의 말과 글을 가르쳤으며 바벨론을 위한 학문을 공부시켰습니다. 그 잡혀간 사람들 중에, 바로 오늘의 주인공 다니엘과 그의 친구들 하나냐와 미사엘과 아사랴가 있었습니다. 그들은 비록 바벨론의 포로로 잡혀왔지만 여전히 하나님을 믿고 신뢰하는 사람이었습니다. 그랬기에 그들에게는 고난과 시련이 더욱 심하게 닥쳐왔습니다. 이런 시련과 어려움 속에서 다니엘과 그의 친구들은 믿음과 신앙을 지키며, 어떻게 하나님의 거룩함을 유지할 수 있었을까요? 이들의 모습을 통해 이 땅과 세상에서 지켜야 할 우리의 거룩함을 다시 한 번 생각해 봅시다.

오늘 만나게 될 말씀 | 다니엘 1:1~21

여는 활동 Top of the world

진행방법

① 이 활동은 개인전과 단체전으로 나누어 진행한다.

② 먼저 개인전에서는 제한 시간 5분 동안 개인이 가지고 있는 모든 소지품을 동원해 한 곳에 모아 가장 높이 쌓아보도록 한다.

③ 가장 높이 쌓은 사람을 선정하고 시상한다.

④ 단체전 역시 개인전과 동일한 방법으로 진행된다. 더욱 많은 소지품들이 모아지고 쌓이게 되면서 더욱 흥미진진하게 진행된다.

⑤ 가장 높이 쌓은 단체를 선정하고 시상한다.

⑥ 활동을 마무리하면서 이 활동을 더욱 잘하기 위한, 즉 더욱 높이 쌓기 위한 조건이나 물건은 무엇이 있을지, 이유는 무엇인지 서로 이야기를 나눠 본다.

밝은 눈으로 살피기

1. 왕궁에 설만한 사람

(1) 단 1:4을 보면 '왕궁에 설만한 사람'이란 표현이 나옵니다. 이는 무엇을 뜻하는 말이었을까요? 서로 이야기해 봅시다.

____

(2) 다니엘은 위의 표현대로 '왕궁에 설만한 사람'이 되기 위해 바벨론식의 훈련을 받았습니다. 아래 그림의 빈칸을 채우고 그 답을 서로 발표해 봅시다.

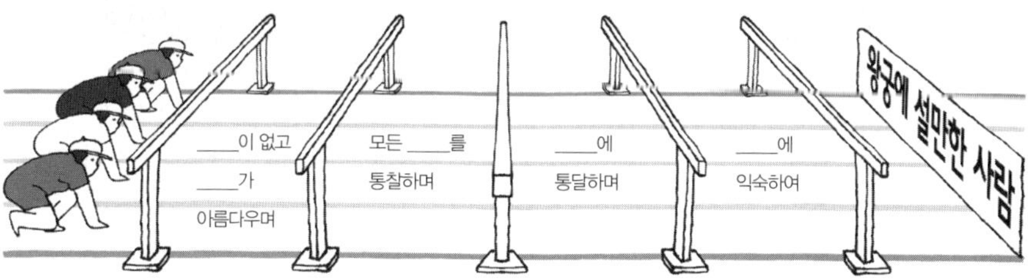

왕궁에 설만한 사람이 갖추어야 할 조건

1. ....

2. ....

3. ....

4. ....

5. ....

2. 선택의 기로에 서서

다니엘도 '왕궁에 설만한 사람'이 되기 위해 열심히 공부해야만 했습니다. 그런데 문제가 하나 있었습니다. 왕이 준 음식과 포도주를 먹어야 하는지 말아야 하는지 고민이 생긴 것입니다. 왕이 준 음식이라면 좋은 음식인데 다니엘은 왜 고민할까요? 그리고 다니엘은 이 문제를 어떻게 해결할까요?

(1) 아래의 그림은 당시 상황을 상상으로 재현해 그려 본 것입니다. 단 1:5~13을 읽으며 아래 그림의 빈칸을 채우고 그 답을 서로 발표해 봅시다.

(2) 단 1:8을 한 번 더 보면, 다니엘이 왕의 음식을 거절한 이유가 '자신을 더럽히기 때문'이라고 나오는데 이를 여러분이 좀 더 쉽게 설명해 보세요. 왜 그 좋은 왕의 음식을 더러운 음식이라고 했을까요? 그리고 어떤 의미일까요?

(3) 만약 여러분이 위의 그림에서 배심원의 자리에 앉아 있다면 누구의 의견을 더 지지하겠습니까? 왕과 신하 측 의견을 지지하는 사람과 다니엘과 친구들 측을 지지하는 사람들로 나누어 토론을 벌여보세요.

3. 하나님이 세우신 사람

다니엘은 결국 하나님을 믿는 사람으로서 자신의 목숨을 걸고 거룩함을 지켰습니다. 이때 더 놀라운 것들을 하나님께 받았습니다.

(1) 아래의 카트 그림에는 다니엘이 하나님께 받은 놀라운 물건들이 담겨져 있습니다. 그 영수증을 보니 무엇을 받았는지 나타나 있는데 단 1:15~20을 읽으며 빈 칸을 채워보세요.

영수증

구매품
거룩
사은품
더욱 _____고
살이 더욱 _____하여
_____을 주시고
모든 _____을 깨닫게 하시고
_____를 주셨으니
모든 _____과 _____을 깨달아
그 지혜와 총명이 _____나 더

(2) 왕의 음식을 먹을 때 얻을 것과 하나님의 거룩함을 지켰을 때 얻을 것을 비교해 보세요. 그렇다면 다니엘과 세 친구를 진정으로 왕궁에 서게 한 이는 누구라고 할 수 있을까요?

맑은 맘으로 깨닫기

바벨론은 다니엘과 세 친구를 완전한 바벨론 사람으로 만들기 위해 당근과 같은 회유책을 사용했어. 근사한 이름도 주고 맛있는 술과 음식도 주었지. 하지만 다니엘과 세 친구들은 그 모든 것을 거부하면서 하나님의 백성으로 거룩함을 지키려고 했어. 목숨을 걸고 말이야. 정말 대단하지 않니? 눈앞에 보이는 술과 음식들은 너무 좋은 것들이었지만, 그것은 하나님이 기뻐하시는 것이 아니었어. 그들은 눈앞의 쉬운 길을 거부하고 하나님이 원하시는 길을 선택했지. 그리고 마침내 하나님은 세상의 좋은 것을 선택했던 이들보다 당신을 선택한 이들에게 더욱 많고 좋은 것으로 선물을 주셨어. 하나님은 그들을 남들보다 더욱 아름답게 하셨을 뿐만 아니라 열 배 이상의 학문과 지혜를 주셨어. 어때? 지금 너는 세상의 쉬운 길, 편한 길을 위해 하나님의 거룩한 길을 포기하고 있지는 않니? 하나님은 우리가 세상의 좋은 것을 선택하는 것보다 하나님의 거룩한 것을 선택하기를 바라셔. 조금 어렵고 힘들고 불편하겠지만 자! 우리 이제 하나님의 거룩한 것을 선택한 다니엘과 세 친구 같은 사람이 되어보자!

바른 삶 가꾸기

많은 사람들이 세상의 높은 곳에 서기 위해 거룩함을 포기하고 세상의 기준을 선택합니다. 나는 어디에 속한 사람일까요? 아래의 도식을 따라 나는 어떤 사람인지 알아봅시다

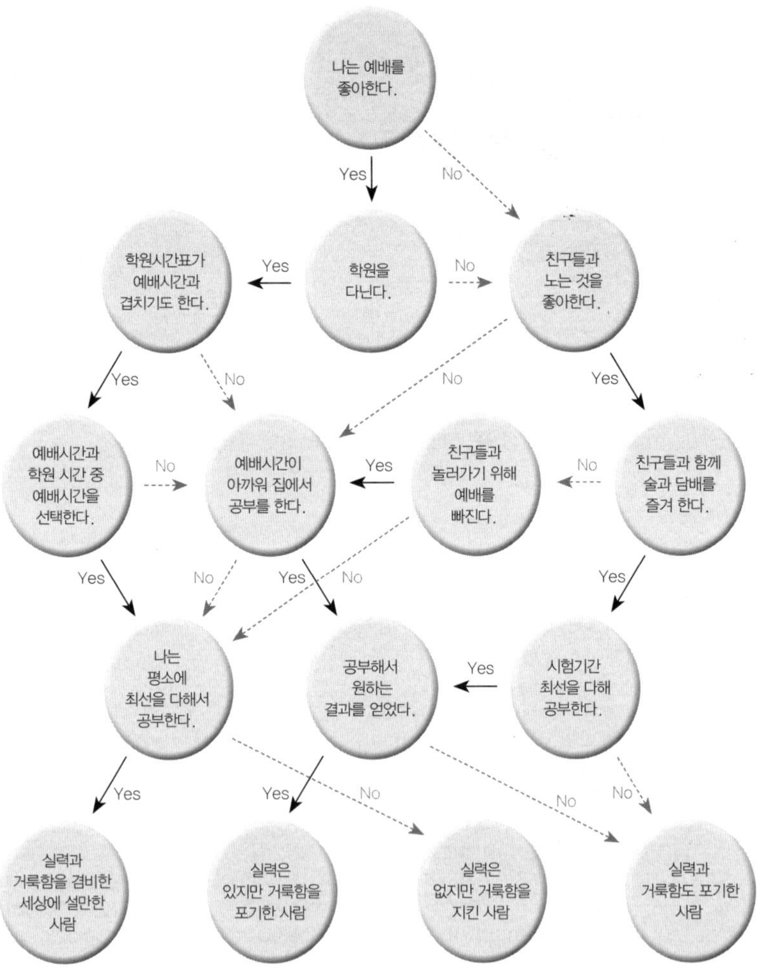

2

도전 골든벨

맥짚어 보기

출제자의 의도

당대 둘째가라면 서러울 정도로 바벨론의 박사와 술사들은 그 지혜와 지식이 대단했습니다. IQ 150 이상의 멘사 회원들도 울고 갈 그들의 지혜는 바벨론을 최고의 제국으로 만드는데 부족함이 없었고, 느부갓네살 왕도 이들의 실력을 믿어 누구보다 의지하고 있었습니다. 그랬기에 오늘의 문제인 자신의 꿈과 해몽도 쉽게 해결 될 줄 알았지만, 사람이 자기가 꾼 꿈도 기억을 못하는데 남이 꾼 꿈을 어떻게 맞추며 또 해몽한다는 것입니까? 제 아무리 지혜와 지식이 뛰어나고 IQ 150을 넘어도 이것은 불가능한 것이었습니다. 아무도 해결하지 못하고 풀지 못할 때, 다니엘은 꿈을 꾸게 한 하나님을 의지했습니다. 꿈꾸게 하신 이가 꿈을 풀게도 해 주실 것이라 믿었기 때문입니다.

오늘 만나게 될 말씀 | 다니엘 2:1~24

여는 활동 알게 모르게

진행방법

① 사회자는 먼저 인원 수대로 동전을 준비하되 동전 중에서 특정연도가 쓰인 것 하나를 정하여 구성원에게 알려 준다.

② 무작위로 구성원들에게 동전을 나누어 주되 그 특정 연도가 쓰인 동전을 가지게 된 사람은 술래가 된다.

③ 사회자가 '시작'이라 외치면 술래는 구성원 중 특정한 1명을 제외한 다른 모든 사람들에게 윙크를 전한다.

④ 술래로부터 윙크를 받은 사람은 누가 술래인지 알게 되나 끝까지 모르는 척 활동을 이어가야 하고, 혹 술래가 다른 이에게 윙크를 하는 것을 목격한 사람도 모른 척 해주어야 한다.

⑤ 정해진 시간이 끝나고, 사회자가 윙크를 받은 사람 손들라고 지시하면 술래를 포함한 윙크를 받은 모든 사람은 그 자리에서 손을 든다.

⑥ 이 때 윙크를 받지 않은 1명이 남게 되고 그 사람은 누가 술래로서 윙크를 전했었는지를 유추해 맞춰야 한다.

⑦ 술래를 정확히 지목하면 술래가 지게 되고, 그렇지 않으면 술래가 이기게 된다.

⑧ 이후 활동을 반복해 본다.

밝은 눈으로 살피기

1. 퀴즈 대회에 나간 다니엘

느부갓네살 왕은 지난 밤 자신이 꾼 꿈을 맞춰보라는 문제를 여러 박사들과 술사들에게 낸 뒤, 이를 해결하려 합니다. 그러나 어느 누구도 해결하지 못하고, 마침내 다니엘도 이 자리에 불려나와 문제를 풀게 됩니다(단 2:1~24). 아래의 그림 속 빈 칸들을 채워보고 서로 그 답을 이야기해 보세요.

퀴즈문제는 무엇이었나요?(2:1~3)	다른 바벨론 술사들은 왕의 문제를 보고 무슨 생각을 했을까요?(2:4~13)	다니엘은 문제를 풀기위해 무엇을 어떻게 했나요?(2:14~24)

2. 다니엘이 맞춘 퀴즈 정답

왕에게 꿈을 꾸게 하신 하나님만이 꿈의 내용을 아시리란 것을 믿은 다니엘은 하나님께 기도해 정답을 얻게 됩니다. 아래 그림과 단 2:31~35의 말씀을 보고 왕의 꿈에 나타난 신상의 각 부위와 재료들을 서로 연결해 보세요.

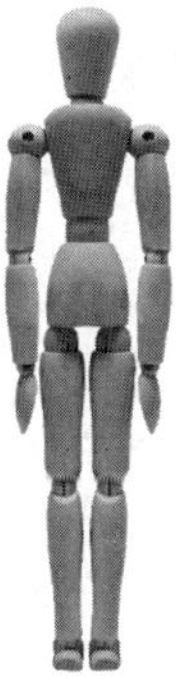

- 정금
- 놋
- 철과 진흙
- 은
- 철

Tip | 각 부위의 재료에 대한 의미는 6과에서 설명됩니다. 6과와 연결해서 공부해 보세요.

3. 다니엘의 시상소감

다니엘은 인간의 능력으로는 도저히 맞출 수 없는 문제를 풀었습니다. 그가 꿈의 내용과 꿈을 풀 수 있었던 이유는 바로 꿈을 주신 하나님을 의지했고 지혜를 달라고 기도했기 때문입니다. 이에 다니엘은 곧바로 하나님께 감사의 찬송과 소감을 표현합니다. 단 2:20~23을 읽고 다니엘이 하나님을 찬송한 이유들을 하나씩 찾아 아래의 빙고 판에 각자 마음대로 채워 넣고 서로 빙고게임을 해 보세요.

지혜가 있음	깊은 일을 나타내심
능력이 있음	은밀한 일을 나타내심
때를 변하게 하심	어두운 데에 있는 것을 아심
기한을 변하게 하심	빛이 그와 함께 있음
왕들을 폐하심	내게 지혜를 주심
왕들을 세우심	내게 능력을 주심
지혜자에게 지혜를 주심	구한 일을 알게 하심
총명한 자에게 지식을 주심	왕의 그 일을 보여주심

맑은 맘으로 깨닫기

천하를 호령하는 바벨론 왕도 하나님이 주신 꿈을 꾸고는 뜻을 알지 못해서 괴로워했어. 그 꿈은 오로지 문제를 낸 하나님만이 풀 수 있었던 거야. 우리가 문제를 풀 때, 가장 기초적인 원칙이 뭐지? 바로 출제자의 의도를 파악하는 것이지! 하나님이 주신 꿈을 푸는 방법은 하나님이 힌트를 주셔야만 가능한 거야. 우리는 많은 꿈과 문제들을 풀면서 살아가는데, 그것들을 푸는 것은 출제자이신 하나님의 힌트를 구하는 것뿐이야. 지혜는 하나님을 아는 것이고, 하나님이 주시는 것이지. 우리도 다니엘처럼 하나님께 지혜를 구하는 사람이 되어보지 않을래?

바른 삶 가꾸기

***이름** : 강영우
***직업** : 정무직공무원, 교수
***출생** : 1944년 1월 16일 (경기도 양평)
***소속** : 미국 백악관(정책차관보)
***학력** : 연세대학교 교육학 학사
피츠버그대학원 교육학, 심리학 석사
피츠버그대학원 철학 박사
***주요 경력** :
1979년 미국 노스이스턴일리노이대학교 특수교육학 교수
2001년 미국 백악관 국가장애위원회 정책차관보, 미국 백악관 종교사회봉사부문 자문위원, 유엔 세계장애인위원회 부의장
2006년 미국 루즈벨트 재단 선정 127인의 공로자
2008년 국제로터리 인권상
2012년 별세(2월 23일)

그는 시각장애인 임에도 불구하고 미국의 최고 기관 백악관에서 국가장애위원회의 정책차관보(대통령에게 조언을 해주는 직책)를 담당하는 사람이 되었습니다. 그가 쓴 자서전에는 다음과 같은 표현이 있습니다.

"하나님은 저에게 더 좋은 문을 열게 하시기 위해서 다른 문을 닫으셨습니다. (중략) 매일 성경을 읽고 기도하면서 (중략) 지혜를 구했습니다."

만일 여러분이 훗날 높은 자리에 오르거나 또는 업적이나 기록을 남겨 소감을 밝힐 때가 있다면 뭐라고 하시겠습니까? 다니엘과 강영우 박사처럼 하나님의 '지혜'라는 표현을 써서 아래의 빈 칸에 여러분의 소감을 남겨 보세요.

3

아이돌(idol)과 하나님

맥짚어 보기

우유빛깔 아이돌

느부갓네살 왕은 이미 다니엘이 풀어준 꿈으로 인해 하나님의 존재를 알게 되었고 그 위대하심도 깨닫게 되었습니다. 하지만 느부갓네살 왕은 이를 곧 잊어버리고, 자신의 위대함과 나라의 권력을 상징하기 위해 거대한 금 신상(아이돌)을 만들게 됩니다. 하나님을 믿고 그의 능력을 바라보기보다 자신의 힘과 권력을 더 믿었던 결과였습니다. 나아가 느부갓네살은 여기서 그치지 않고 바벨론이 다스리는 모든 지역의 사람들에게 복종과 순종을 나타내도록 이 금 신상(아이돌)에게 절하고 경배하라고 지시했습니다. 이를 잘 따르면 왕으로부터 칭찬은 물론이요 막대한 부와 명예를 얻을 수도 있는데, 과연 우리의 주인공 다니엘의 세 친구는 이 우상인 금 신상(아이돌)에 절하라는 왕의 명령에 어떻게 반응하고 대처했을까요?

오늘 만나게 될 말씀 | 다니엘 3:1~30

여는 활동 어, 야, 너

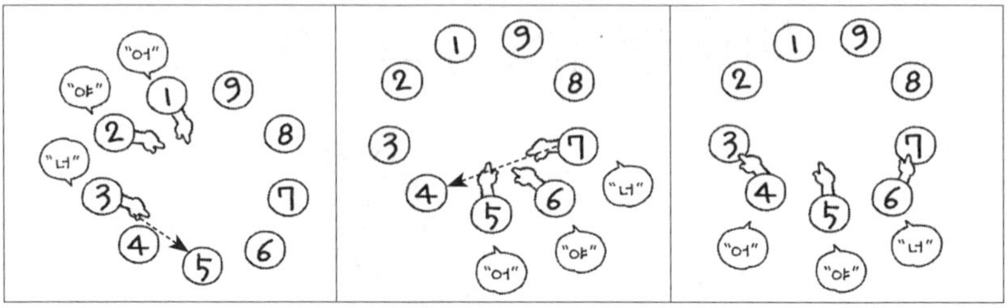

진행방법

① 구성원 모두 둥글게 둘러 앉아 진행한다. 구성원은 대략 7~9명이 적당하다.

② 게임의 예를 그림 1처럼 설명하자면 1번 사람은 6번 사람을 지목하면서 '어'라고 부른다.

③ 그러나 지목을 받은 6번 사람은 절대 반응하거나 행동을 보여서는 안 된다.

④ 다음으로 2번 사람은 8번 사람을 지목하며 '야'라고 부른다. 마찬가지로 8번 사람은 반응하지 않는다.

⑤ 마지막 3번 사람은 5번 사람을 지목하며 '너'라고 부른다.

⑥ 이때 '너'로 지목 받은 5번 사람은 다시 처음 순서로 돌아가 그림 2처럼 1번 사람을 지목하며 '어'라고 부른다.

⑦ 이후 6번과 7번 사람은 그림 2처럼 이전의 방법대로 따라 지목하고, 그림 3처럼 이어간다.

⑧ '어'나 '야'라고 부르는 것에 반응하거나, 순서를 제대로 지키지 못했을 경우, 또 '너'라고 지목 받았음에도 다음 행동을 이어가지 못했을 경우, 모두 벌칙을 받아야 한다.

밝은 눈으로 살피기

1. 아이돌을 향하여

느부갓네살 왕은 금 신상(아이돌)에 대한 여러 명령(단 3:1~7)을 내렸습니다. 각각의 명령을 보고 아래의 빈 칸에 알맞은 답을 써 넣어 보세요.

첫 번째 명령 '만들라'			두 번째 명령 '모이라'	세 번째 명령 '절하라'
금 신상(아이돌)의 특징			금 신상(아이돌)의 낙성식	금 신상(아이돌)에게 절
높이는? ○○ 규빗	너비는? ○○ 규빗	어디에? ○○ 평지	총독, ○○, ○○, 관원, ○○관, 재판관, ○○사, ○○관	나팔, 피리, ○○, ○○금, ○금, ○금, 모든 ○○ 소리를 들을 때에

책 속의 사전

아이돌(idol) | 우상을 뜻하는 영어. 흔히 연예인처럼 많은 사랑을 받는 사람을 가리킵니다.

2. 선택의 순간

느부갓네살 왕의 명령에 대한 사드락, 메삭, 아벳느고의 선택의 순간은 어땠을까요? 그들의 선택의 순간으로 함께 돌아가 그 속마음이 어땠을지 한 번 표현해 보세요.

절을 잘해서
왕의 눈에 띄어야겠어.

하나님 아닌
우상에게 절할 수 없어.

3. 하나님을 향하여

하지만 하나님을 선택한 그들에게 돌아온 결과는 바로 풀무불에 빠져 화형을 당하는 것이었습니다. 왕은 얼마나 화가 났있는지 풀무불을 평소보다 7배를 더 뜨겁게 하라고 했습니다. 그런데 어떤 일이 있어 났는지 아세요?

풀무불에 죽은 사람은?

풀무불에 죽지 않은 사람은?

4. 있다! 없다!

하나님을 선택한 사드락과 메삭과 아벳느고를 향해 느부갓네살 왕은 아래와 같이 하나님을 찬송했습니다. 느부갓네살 왕의 찬송에 맞추어 여러분의 고백도 담아 보세요.

 느부갓네살	**사람의 구원**은 하나님에게만 **있다!**	________의 고백	______ 은(는) 하나님에게만 **있다!**
	하나님 밖에는 **다른 신**은 **없다!**		하나님 밖에는 ______ 은(는) **없다!**

책 속의 사전

풀무불 | 풀무는 불을 피울 때 바람을 일으키는 기구입니다. 그래서 풀무불은 이 풀무를 이용해서 피워낸 불을 말하는 것입니다. 흔히 대장간에서 쓰이는 용어이며 그 온도는 약 1000℃ 정도 됩니다.

맑은 맘으로 깨닫기

사드락, 메삭, 아벳느고는 풀무불의 무서운 시련 앞에서도 우상을 섬기지 않았어. 하나님만을 섬기기로 작정했던 다짐을 잃지 않았기 때문이야. 그들은 하나님이 어떻게든 구원해 주실 거라 확신했어. 하지만 만일 하나님이 기적을 보여주시지 않았더라도 그들의 믿음은 변함이 없었을 거야. 그들에겐 하나님만이 살아계신 참 신이셨거든. 하나님을 진정으로 믿는 사람은 풀무불 같은 죽음도 결코 두렵지 않아. 이젠 우리도 느부갓네살처럼 우리의 우상을 스스로 만들고 섬기는 어리석은 짓은 하지 말았으면 해. 다니엘의 세 친구처럼 세상 그 어떤 우상보다 하나님만을 바라보자.

바른 삶 가꾸기

아래에 제시된 16가지의 항목을 불특정하게 2개씩 묶어 가상의 선택 대회 즉 월드컵을 가져봅니다. 2개 중에 선택된 1개는 다음 번 8가지 선택 대회로 올라가고 거기서 또 선택된 4가지는 다음 순으로 넘어가서 최종적으로 결정되는 것이 나의 우상형, 신앙형 월드컵의 우승이 되는 것입니다.

1. 우상형 월드컵

휴대폰	축구공	게임	인터넷	만화책	옷	신발	성적표

담배	이성교제	돈	가방	시계	연예인	닌텐도	야동

2. 신앙형 월드컵

큐티	설교듣기	찬양	성경통독	헌금	성경공부	대표기도	성경암송

통성기도	성가대	교제 · 친교	예배	새벽기도	가정예배	봉사 · 헌신 · 섬김	율동

4

넌 몇 kg이니?

맥짚어 보기

나의 몸무게는?

느부갓네살 왕을 이어 바벨론의 왕이 된 벨사살 왕은 선왕처럼 나라를 다스리지 못하고 오히려 나라의 위기를 초래하는 사건을 벌이고 맙니다. 하나님의 거룩한 물건과 사람을 구별할 줄 알았던 선왕과는 달리 벨사살 왕은 하나님의 거룩한 물건도 사람도 업신여기며 가볍게 취급해버리고 만 것입니다. 이토록 하나님을 가볍게 여긴 벨사살 왕은 반대로 하나님으로부터 가볍게 여김을 당하고 맙니다. 오늘 우리는 하나님 앞에서 어떤 무게로 여김을 받게 될까요? 우리가 하나님을 가볍게 여기는 만큼 하나님도 우리를 가볍게 여기실텐데 말이죠. 벨사살 왕의 모습을 통해 우리를 돌아보는 시간을 가지기 바랍니다.

오늘 만나게 될 말씀 | 다니엘 5:1~31

여는 활동 무게를 계산하라!

진행방법

① 교사는 A형 문제, B형 문제를 각각 인쇄해 보이지 않게 접어 둔다.
② 구성원을 2모둠으로 나누고 각각 A형 문제, B형 문제를 고르게 한다.
③ 시작과 동시에 구성원은 다 같이 문제를 보고 함께 풀어본다.
④ 먼저 정답을 맞힌 모둠에게는 간식을 주고 나중 맞힌 모둠에는 벌칙으로 뒷정리와 청소를 시킨다.
⑤ 문제의 유형은 아래와 같다.

〈A형 문제〉 호동이네 과일가게에는 과일이 각각 5kg, 2kg, 1kg들이로 10상자씩 준비되어 있다. 한 손님이 들어와 9kg어치 과일을 사고 싶은데 각 상자를 뜯지 말고 포장해 달라며 부탁했다. 형돈이가 포장할 수 있는 방법은 몇 가지가 있을까?

5kg	5kg	5kg	5kg	5kg	5kg	5kg	5kg	5kg	5kg
2kg	2kg	2kg	2kg	2kg	2kg	2kg	2kg	2kg	2kg
1kg	1kg	1kg	1kg	1kg	1kg	1kg	1kg	1kg	1kg

〈B형 문제〉 재석이는 마트에 가서 우유 한 병을 샀다. 묵직한 느낌이 들어 저울에 무게를 재어보니 3kg이었다. 그리고 허겁지겁 우유를 마셨더니 정확히 2/5가 남았다. 남은 우유병의 무게를 재어보니 1.8kg이었다. 그렇다면 처음 샀던 우유병 안에는 얼마 만큼의 우유가 들어있었던 것일까? 또 우유병의 무게는 얼마나 되었던 것일까?

밝은 눈으로 살피기

1. 하나님을 가볍게 여긴 벨사살 왕

책 속의 사전

벨사살 왕 | 신바벨론을 통치한 갈대아인 왕으로 마지막 왕이었다. 그의 이름은 '벨이여, 왕을 보호하소서'라는 뜻이다. 아버지는 나보니도스인데, 당시 직책에 대한 관습상 느부갓네살을 아버지로 부르기도 했다. 느부갓네살의 뒤를 이어서 왕이 된 나보니도스가 아라비아로 원정 간 동안 바벨론을 다스렸던 벨사살 왕은 메대 바사의 고레스가 바벨론을 침략했을 때 살해되었다.

(1) 벨사살 왕이 가볍게 여긴 하나님의 것 하나, 생각대로 써 그릇!

벨사살 왕은 하나님을 위해 특별하고 거룩하게 만들어진 그릇을 자신의 재미와 자랑을 위해 쓰려고 했습니다. 단 5:1~4과 벨사살 왕의 속마음을 적절하게 연결해 보세요(여러 개 연결 가능).

- 단 5:1 ▶
- 단 5:2 ▶
- 단 5:3 ▶
- 단 5:4 ▶

- 이 귀한 걸 감히 어디다 써.
- 자! 어디 자랑 한 번 해볼까?
- 야! 뺏어 온 거 가져와 봐!
- 여기다 마시면 흥이 절로 난다니까.
- 금 은 구리 쇠를 주신 신께 감사하자.
- 이까지 것 아무나 써도 돼.
- 내가 뺏은 건데 내 맘대로 할 거야.

(2) 벨사살 왕이 가볍게 여긴 하나님의 것 둘, 벨사살의 뇌 구조

벨사살 왕은 선조로부터 다니엘에 대한 명성과 지혜를 익히 들어 알고 있었습니다. 그렇다면 오늘의 사건이 벌어졌을 때, 그 어떤 이들보다 다니엘을 먼저 불러야 했겠죠. 하지만 당장에 부른 사람은 바벨론의 수많은 술객, 술사, 점쟁이들이었습니다. 단 5:5~9까지의 말씀을 읽고 사건을 직면했던 벨사살의 뇌 구조를 그려보세요.

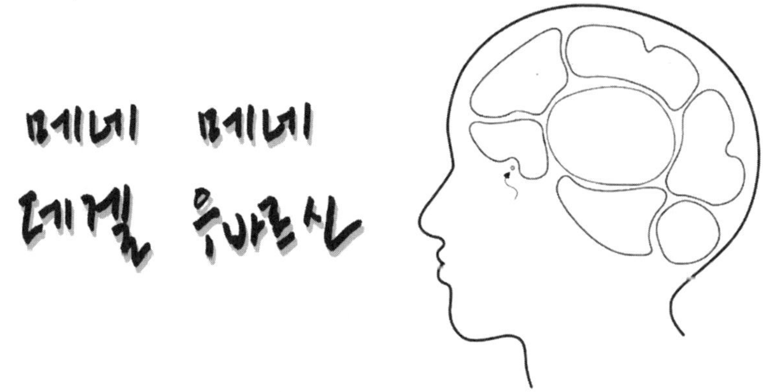

2. 벨사살 왕을 가볍게 여기신 하나님

(1) 메네 메네 데겔 우바르신

잔치 중에 벨사살 왕은 왕궁 촛대 맞은편 석회벽에 사람의 손가락이 나타나 글씨를 쓰는 모습을 보게 됩니다. 그리고 벽에 쓰여진 글씨의 뜻을 몰라 고민하고 누구든 이를 해석하라고 명합

책 속의 사전

우바르신 | 우바르신은 접속사 우와 바르신이 결합된 단어이다. 바르신은 '나누다'는 뜻을 가진 '베레스'의 복수형이다. '우'라는 접속사는 '그래서'를 의미한다.

니다. 단 5:24~28을 읽고 다니엘은 다음의 글씨를 어떻게 해석했는지 따라 풀어 봅시다.

메네 메네 데겔 우바르신

직역 ________ ________ ________ ________

해석 ____

(2) 하나님의 저울 위에 선 벨사살 왕

다니엘은 벨사살 왕의 잘못을 조목조목 짚어 줍니다. 하나님을 경시하고 멸시했던 모습을 깨닫게 해 줍니다. 단 5:18~23을 읽고 하나님의 저울 위에 선 벨사살의 영적 몸무게는 얼마나 되었을지, 가벼웠을지 무거웠을지 상상해서 그려 봅시다. 하나님께 가까울수록 영적 몸무게는 늘어나겠지요?

① 부친의 신앙을 따르지 않았다.	kg
② 마음을 낮추지 않았다.	kg
③ 자신을 하나님보다 더 높였다.	kg
④ 성전 그릇으로 술을 마셨다.	kg
⑤ 알지도 못하는 많은 신상을 찬양했다.	kg
⑥ 하나님께 영광을 돌리지 않았다.	kg

맑은 맘으로 깨닫기

벨사살 왕은 하나님의 저울 위에서 결코 그 가벼움을 감출 수 없었어. 하나님의 거룩한 성물을 쉽게 여기고 무례히 대한 것에서 그 가벼움이 나타난 거지. 분명히 그는 하나님의 거룩한 물건들이 영적으로 소중하고 귀하다는 것을 알고 있었음에도, 이를 무시하고 자기의 유익과 유흥을 위해 과감히 선을 넘어버린 거야. 이 모습을 보신 하나님은 벨사살 왕의 실수를 용납하지 않으셨어. 그가 하나님을 가볍게 여겼듯이 하나님도 그를 가볍게 여겨 더 이상의 역사를 남기지 못하게 하셨지. 오늘 너희도 하나님의 저울 위에 선다면 어떤 무게로 나타날 것 같니? 하나님 앞에 너의 영적 몸무게는 얼마나 될 것 같니? 하나님의 거룩함을 존귀하게 여기고 지키며 하나님 앞에서 우리의 영적 몸무게를 늘리고 채워나가자!

바른 삶 가꾸기

1. 벨사살과 마찬가지로 하나님의 저울 위에 선 나, 나의 영적 몸무게는 얼마나 될까요?

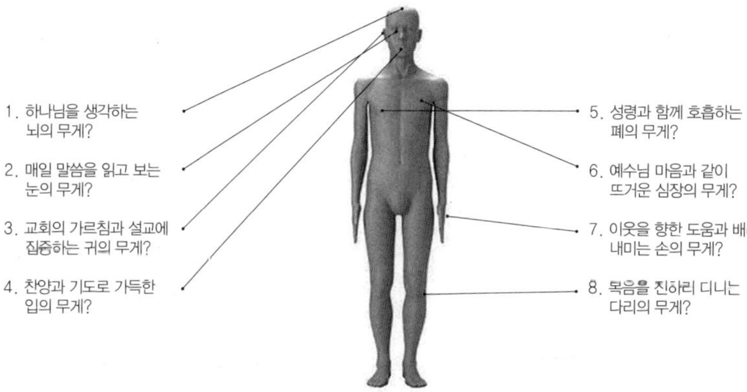

2. 벨사살의 경우처럼 우리의 삶에서 하나님의 것을 거룩히 여기지 못했던 것에는 무엇이 있었나요? 3가지만 골라 서로 이야기 나누어 보세요.

3. 앞서 우리는 벨사살 왕의 뇌구조를 써 보았습니다. 그렇다면 나의 뇌 구조도 한 번 그려볼까요? 그리고 하나님이 원하실만한 나의 뇌 구조도 그려 봅시다.

내가 생각하는 나의 뇌 구조	하나님이 원하시는 나의 뇌 구조
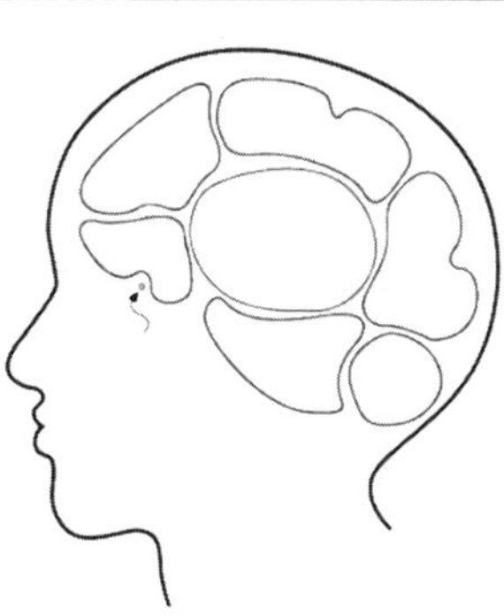	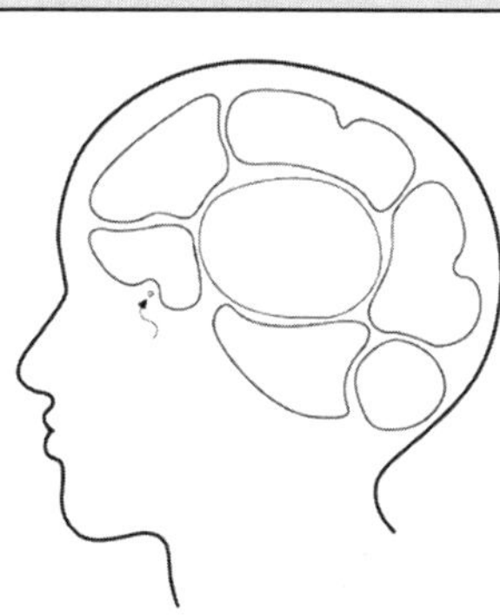

5

믿음을 방해하는 함정

맥짚어 보기

빈틈이 없군!

다니엘은 그의 노년에 메대의 다리오 왕을 도와 나라를 다스릴 3명의 총리 중 한 명이 됩니다. 다리오 왕은 다니엘을 다른 어떤 신하들보다 신임하고 아꼈습니다. 그런데 왕의 신하들이 포로 출신인 유대민족 중 한 사람이 메대의 총리가 된 것을 그냥 보고만 있었을까요? 그들은 다니엘에게 어떤 약점도 없음을 알고 자기들이 짜낼 수 있는 최고의 꾀를 짜내어 다니엘을 함정에 빠트리려 했습니다. 세상 그 누구도 빠져 나올 수 없는 함정에 다니엘은 알면서도 걸려들고 맙니다. 왜냐하면 함정보다도 죽음보다도 신앙과 믿음을, 그리고 하나님을 버릴 수 없었기 때문입니다. 하나님을 전적으로 믿었고 하나님의 힘을 의지했기 때문에 다니엘은 과감히 결단할 수 있었습니다. 이렇듯 하나님은 경건하며 자신을 온전히 의지하는 사람에게 위대한 구원과 기적의 역사를 보여주십니다.

오늘 만나게 될 말씀 | 다니엘 6:1~28

여는 활동 눈감고 주기도문 외우기

진행방법

① 돌아가면서 한 명씩 눈을 감고 두 손을 들고 (혹은 모으고) 주기도문을 외운다.

② 주변의 사람들은 주기도문을 제대로 외우지 못하도록 방해한다(옆에서 사도신경 외우기, 간지럼 태우기, 귓바람 넣기 등).

③ 눈을 뜨지 않고 주기도문을 무사히 다 외우면 통과. 실패하면 벌칙.

④ 규칙 : 기도 자세를 그대로 유지할 것, 주기도문을 천천히 또박또박 외울 것.

⑤ 시간이 되면 눈감고 구구단 외우기, 일어서서 가슴에 손을 얹고 애국가 부르기 등도 같이 해보세요(혹은 구구단 외우기나 애국가 부르기를 주기도문보다 먼저 하는 것도 좋은 방법이다).

밝은 눈으로 살피기

1. 발견! 다니엘의 약점

다리오 왕의 신하들은 다니엘을 고발할 이유를 찾다가 다니엘에게도 약점이 있을 거라 생각했습니다. 단 6:4~5을 읽고 그들이 다니엘에게서 찾았던 약점은 무엇이었는지 아래의 약점 리스트를 통해 알아봅시다.

다니엘의 약점 리스트(제 점수는요?)	구 분	허술 - - - - - 완벽
채점자 : 다리오 왕의 신하 '아무개' (완벽에 가까울수록 ○표에 색칠해서 ● 표로 만들어 보세요.)	충성도(왕에게 복종)	○ ○ ○ ○ ○
	결백도(허물이 없음)	○ ○ ○ ○ ○
	청렴도(그릇됨 없음)	○ ○ ○ ○ ○
	신앙도(율법을 지킴)	○ ○ ○ ○ ○

2. 함정! 다니엘의 기도

단 6:7~8을 읽고 신하들은 어떤 함성으로 다니엘을 고발하려 했는지 아래 지령문의 빈칸을 채워 완성해 보세요.

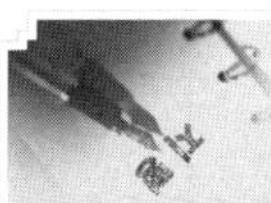

지 령 문

총리와 지사와 총독과 법관과 관원들은 보시오.
우리는 ______을 고발하기 위해 다음의 지령대로 따르기를 맹세하오.

1단계 다리오 왕에게 잘 보이고 그가 최고라고 아첨한다.
2단계 다리오 왕에게만 모든 소원과 바람을 구하기로 정한다.
3단계 만약 다른 신과 사람에게 구하면 ____________에 던지게 한다.
4단계 이 명령은 __________일 동안 지키도록 한다.
5단계 다리오 왕이 이 명령에 ________을 찍고 누구도 고치지 못하게 한다.
6단계 이제 다니엘이 ___________께 구하는 현장을 포착하여 잡아 고발한다.

3. 정면 돌파! 승부수 기도

그럼에도 불구하고 다니엘은 단 6:10과 같이 기도합니다. 아래의 그림을 보고 질문에 답해 봅시다.

4. 해결! 도우신 하나님

다니엘은 꼼짝없이 왕의 금령을 어긴 죄인으로 발견됐습니다. 다리오 왕은 그가 내린 금령을 누구도 고칠 수 없다는 것을 알았기에 어쩔 수 없이 다니엘을 사자굴에 던져 넣게 했습니다. 왕은 밤새 금식하며 걱정하다가 다니엘의 생사를 확인하기 위해 다음날 새벽 일찍 사자굴로 찾아갔습니다. 어떤 일이 벌어졌는지 다음의 질문에 답해 봅시다.

(1) 단 6:22~23을 통해 다니엘이 사자굴에서 살아남게 된 과정을 설명하되, 빈 단계를 채워 이야기해 보세요.

1단계	2단계	3단계	4단계	5단계	6단계
하나님이 이미 천사를 보냄		사자가 다니엘을 해하지 못함	다니엘의 무죄가 명백히 증명됨		하나님의 살아계심과 믿음이 증명됨

(2) 단 6:24을 통해 다니엘을 고발한 왕의 신하들은 어떻게 되었나요? 이런 상황에 어울리는 사자성어나 속담을 보기에서 찾아 이야기해 봅시다.

보기 역지사지, 전세역전, 피장파장, 주객전도, 고양이 앞에 쥐 신세, 반사 등

맑은 맘으로 깨닫기

세상에는 하나님 앞에서 믿음을 지키는 경건한 사람들이 많이 있어. 하지만 이들을 무너뜨리려는 함정들도 많이 있는 게 사실이야. 이 함정을 만드는 사람들은 우리가 열심히 신앙 생활하는 것을 아주 많이 방해하지. 항상 우리를 빠트리고 빠져나오지 못하게 해. 그럼 우리는 이런 함정들과 방해들 앞에서 어떻게 해야 할까? 다니엘은 매일 지켜오던 자신만의 습관이 있었어. 바로 기도하는 것이야. 다니엘은 기도만이 이 모든 함정과 방해를 해결해 줄 열쇠라는 것을 알고 있었지. 다니엘은 자신의 기도습관 때문에 오히려 함정에 빠져 죽을 수도 있었지만 하나님을 끝까지 믿었어. 하나님에겐 사자굴 따위는 아무것도 아니란 걸 너무 잘 알고 있었던 거야. 오늘도 우리 주변엔 온갖 훼방꾼과 방해꾼들로 가득 차 있어. 이젠 우리도 당당하게 싸워 보자. 기도로 말이야. 우리에겐 확실한 승리의 방법이 있으니까!

바른 삶 가꾸기

우리도 다니엘처럼 기도의 습관을 만들어 보고 실천해 봅시다. 생활 속에서 기도를 연습하고 훈련해서 신앙이 한층 더 성장할 수 있도록 노력해 봅시다.

1. 기도 제목은 간단한 것부터!(욕 안하기, 식사 기도하기, 좋은 생각만 하기, 착한 일하기 등)

---

2. 기도 시간은 짧게 여러 번!(30초, 1분, 2분 등)

---

3. 기도 결과는 수시로 체크!(기도가 이뤄졌다면 꼭 선생님이나 친구들에게 알려주세요).

---

4. 기도 장소는 가까운 곳에서!(버스, 차, 책상, 화장실 등)

기도 습관 훈련표

구분	기도 제목	기도 장소	기도 시간	기도 결과
예	오늘 하루 욕 안하게 해 주세요.	통학 버스 안	30초	성공!
1				
2				
3				

6

세상을 움직이는 손

맥짚어 보기

꿈에, 어제 꿈에 보았던…

다니엘서 1장부터 6장까지는 다니엘이 하나님이 주신 지혜로 왕의 꿈을 해석해 가는 이야기였습니다. 그러나 이제부터 진행될 7장부터 12장까지의 이야기는 다니엘이 직접 꿈을 꾸고, 자신이 꾼 꿈을 자신이 풀어가는 이야기가 시작됩니다. 그러면서 바벨론의 마지막 왕인 벨사살 왕부터 이야기가 시작되는데, 이 당시는 바벨론이 바사(페르시아)의 위협 속에서 위태로운 시기였습니다. 이러한 위기의 시대에 다니엘은 바벨론 이후의 역사에 대해서 직접 꿈을 꾸고 해석했습니다.

오늘 만나게 될 말씀 | 다니엘 7:1~17

여는 활동 한 손 제로 게임

진행방법

① 술래를 한 명 정하고, 모두가 한 손으로 귀를 잡고 나머지 손으로 주먹을 쥐고 엄지는 위로 향하게 손을 모은다.

② 내려놓은 손의 수만큼 제로게임을 한다. 술래가 갑자기 부르는 숫자와 손가락 수가 일치하면 귀를 잡고 있던 다른 손을 바닥에 재빠르게 내려놓는다.

③ 술래는 손을 정해진 구역 안에서는 어떤 곳에든지 내려놓을 수 있다. 갑자기 일어나 창문이나 문에 손을 내려놓을 수도 있다.

④ 술래의 제로에 걸려든 다른 참가자들은 술래를 끝까지 쫓아가 술래의 손 위에 손을 얹어야 한다.

⑤ 가장 늦게 손을 얹은 사람은 벌칙을 수행한 뒤 술래가 된다.

밝은 눈으로 살피기

1. 다니엘이 꾼 꿈

단 7:1~8을 읽고 다니엘이 꾼 꿈에 등장하는 동물들의 특징을 찾아 그림을 완성해 보고 서로 그린 그림을 보여주며 설명해 보세요.

사자는 사자인데 …	곰은 곰인데 …
표범은 표범인데 …	정체 모를 짐승 …

2. 비교체험! 꿈과 꿈!

2과에서 이미 살펴본 느부갓네살 왕의 신상 꿈과 7장에서 다니엘이 꾼 꿈은 일맥상통합니다. 두 꿈들의 공통점을 연결하고 연대표에서도 찾아 연결해 봅시다.

Tip | 2과에서 느부갓네살 왕의 신상 꿈을 다시 복습해 보고 연결해 보세요.

철 종아리(2:33)	놋 배 다리(2:32)	은 가슴 팔 (2:32)	금 머리(2:32)
•	•	•	•
•	•	•	•
정체모를 짐승	사자	표범	곰
•	•	•	•
•	•	•	•
바벨론 (~BC539)	페르시아(~BC331)	그리스(~AD60)	로마(~AD476)

3. 누가 꿈을 꾸는가?

다니엘서의 주된 이야기는 많은 왕들이 바뀌는 가운데 꿈으로 이어지고 있습니다.

(1) 보통 왕들이 바뀌면 그 왕을 돕던 사람들은 어떻게 되죠? 다니엘은 수많은 왕들과 나라가 바뀌어도 왕을 도와 나라를 다스리고 있습니다. 다니엘은 어떤 시대, 어떤 왕들을 거쳤을까요? 그 이름을 찾아보고 아래의 빈 칸에 적절한 답에 ○표시를 해보세요.

1:1	1:21	2:1	5:1~2	6:1	7:1	9:1~2
여호야김( ) 고 레 스( ) 느부갓네살( ) 다 리 오( ) 벨 사 살( )	여호야김( ) 고 레 스( ) 느부갓네살( ) 다 리 오( ) 벨 사 살( )	여호야김( ) 고 레 스( ) 느부갓네살( ) 다 리 오( ) 벨 사 살( )	여호야김( ) 고 레 스( ) 느부갓네살( ) 다 리 오( ) 벨 사 살( )	여호야김( ) 고 레 스( ) 느부갓네살( ) 다 리 오( ) 벨 사 살( )	여호야김( ) 고 레 스( ) 느부갓네살( ) 다 리 오( ) 벨 사 살( )	여호야김( ) 고 레 스( ) 느부갓네살( ) 다 리 오( ) 벨 사 살( )
〈-------------------------- 다니엘 --------------------------〉						

(2) 창 41:1, 단 2:1, 단 7:1에 나타난 말씀에는 모두 하나의 공통점이 드러나 있습니다. 아래 빈 칸에 해당 성경 구절을 찾아 주어와 동사를 써 보세요. 어떤 공통점이 있나요?

구분	주어	동사
창 41:1		
단 2:1		
단 7:1		

(3) 고대에서 꿈은 미래를 보여주는 상징이거나 예시였습니다. 그리고 오직 왕만이 미래를 예견하는 꿈을 꾸었습니다. 특별히 나라나 세계의 미래에 대한 꿈을 꾼다는 것은 왕에게 내려진 특권이었습니다. 그런데 다니엘이 이런 꿈을 꾸고 있습니다. 하나님이 믿는 자에게는 왕 같은 꿈을

주십니다. 단 7:14을 읽고 말씀을 따라 미로를 찾아봅시다(가로 세로 위 아래 모두 진행이 가능합니다).

출발 ☞

그	다	니	하	는	모	든	자	식	아	니
에	게	권	말	를	권	세	들	이	지	할
안	엘	세	와	어	언	섬	를	그	하	것
예	님	광	영	다	른	기	게	하	망	이
라	나	과	사	과	는	세	권	였	멸	니
를	정	하	라	들	소	멸	의	으	는	라
주	수	도	나	아	지	되	그	니	라	망
고	모	든	과	니	하	원	한	권	나	세
영	원	백	성	이	는	영	광	세	의	요
생	한	광	은	과	교	회	권	요	그	이

☞ 도착

맑은 맘으로 깨닫기

세상의 모든 역사가 결코 인간의 손에 의해서 만들어진 것이 아니야. 그렇다고 우연히 만들어진 것도 아니지. 바로 이 세상을 만드신 하나님이 직접 계획하시고 만들어 나가시는 거야. 우리의 삶도 마찬가지야. 우리 인생은 우리 마음대로 살아가는 것이 아니라, 이 세상을 다스리시는 하나님의 손길 아래 살아가는 것이 참 인생이야.

바른 삶 가꾸기

다니엘은 하나님이 주신 비전을 보았습니다. 우리도 다니엘처럼 비전기도문을 만들어 봅시다. 다음 보따리 안에 주어진 단어들을 사용하여 기도문을 만들어 보세요.

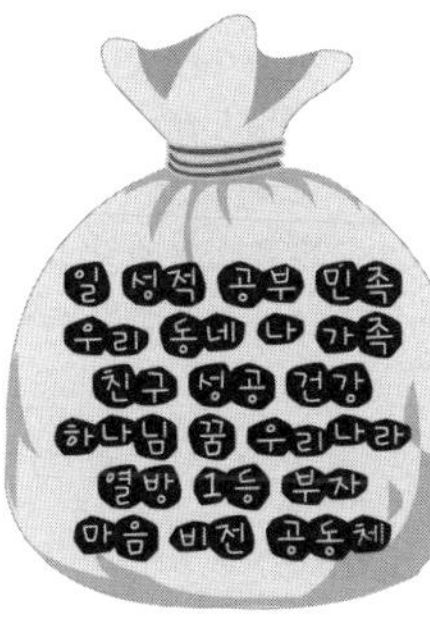

7

듣든지 아니 듣든지

맥짚어 보기

부르고 또 부를 그 이름

바벨론의 느부갓네살 왕은 유다를 세 번 침공합니다. 첫 번째 침공은 여호야김 왕 시절, 하나님의 성전기구를 빼앗고 많은 사람들을 붙잡아 갔습니다. 이때 다니엘도 붙잡혀 갔습니다. 두 번째 침공 때, 에스겔의 나이는 25세였습니다. 에스겔은 제사장으로서 임무를 수행할 나이(민 8:24)에 포로로 잡혀간 것입니다. 이제 유다가 멸망하는 세 번째 침공까지는 얼마 남지 않았습니다. 그렇게 에스겔이 잡혀간 지 5년이 지난 지금, 하나님은 그발 강가에서 에스겔을 부르시고 계십니다. 하나님이 왜 에스겔을 부르셨을까요? 오늘 에스겔을 통해서 하나님이 우리를 부르신 이유를 생각해 봅시다.

오늘 만나게 될 말씀 | 에스겔 1:1~3, 2:1~3:21

여는 활동 귀 기울여봐!

진행방법

① 먼저 모둠을 둘로 나눕니다.
② 한쪽 모둠은 구성원의 수만큼의 음절수로 상대방이 맞춰야 하는 단어를 정합니다.
③ 모둠의 구성원은 단어의 한 음절씩을 나누어 맡아 동시에 외칩니다.
④ 상대 모둠은 동시에 들리는 각 음절을 듣고 무슨 단어인지 맞춥니다.
⑤ 기회는 총 5번으로 5번 이내에 맞추도록 합니다.
⑥ 서로 돌아가며 4문제를 내어 많이 맞춘 모둠이 승리합니다.

밝은 눈으로 살피기

1. 하나님이 부르신 에스겔

(1) 유다가 멸망하기 전 하나님은 유다 백성들에게 밀서를 보냈습니다. 그런데 도중에 몇 부분이 훼손되어 보이지 않습니다. 겔 1:1~3을 읽고 빈칸을 채워봅시다.

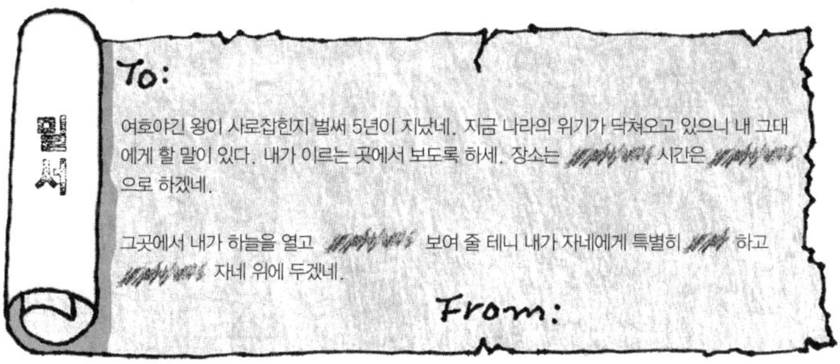

(2) 하나님이 말씀을 통해 밀서를 에스겔에게 보내십니다. 사다리를 따라가서 에스겔에게 어울리는 밀서를 완성해 봅시다.

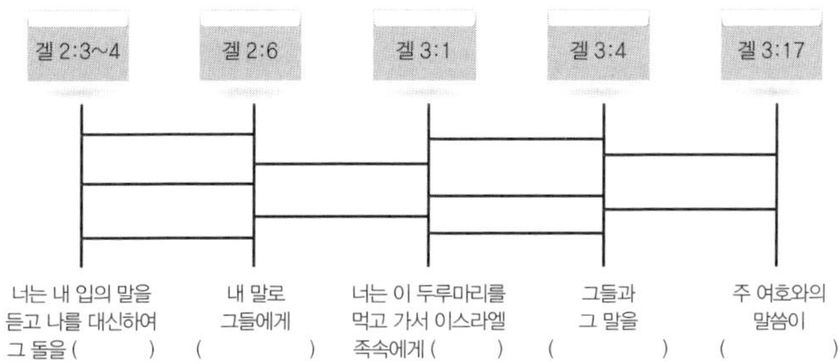

2. 마음이 굳은 이스라엘 백성들

하나님이 이스라엘 백성에게 무엇인가 급한 메시지를 전하려고 했습니다. 하지만 백성들의 반응은 전혀 달랐습니다. 그들의 반응은 과연 어땠을까요?

(1) 겔 2:3~8과, 겔 3:7의 말씀을 읽고 보기 중 이스라엘 백성들과 에스겔의 반응을 골라봅시다. 그리고 백성들의 얼굴 표정을 그려봅시다.

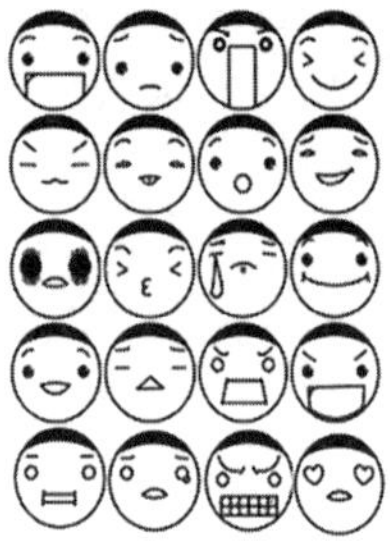	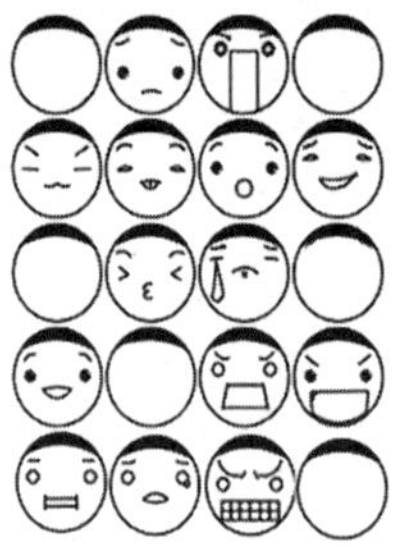	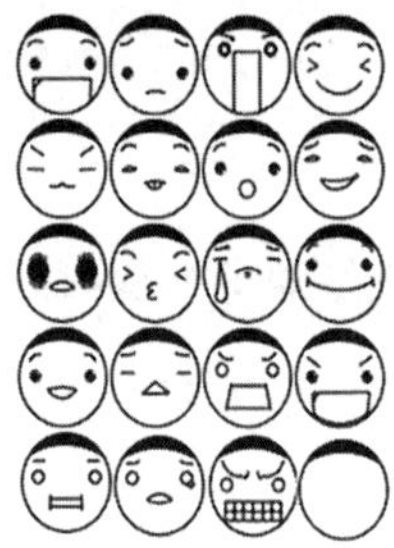
지령을 받은 에스겔의 심정은 어땠을까요? 여러 표정 중에 골라봅시다	에스겔의 이야기를 들은 백성들의 표정은 어땠을까요? 남은 부분을 채워보세요	여러분이 에스겔의 이야기를 듣는다면 어떤 표정을 지을까요? 여러분의 표정을 그려보세요

(2) 앞으로 이러한 백성들에게 하나님의 말씀을 전해야 하는 에스겔의 마음은 어떨까요? 성경은 이를 어떻게 표현하고 있나요? 다음 구절을 찾아 빈칸을 채워보세요.

"이에 내가 델아빕에 이르러 그 사로잡힌 백성
곧 그발 강 가에 거주하는 자들에게 나아가
그 중에 ◯◯◯ ◯◯ 칠일을 지내니라."(겔 3:15)

3. 그래도 너는 파수꾼

무관심하고 패역한 백성들에게 에스겔은 두렵고 떨리지만 하나님의 말씀을 전하려고 합니다. 이런 에스겔에게 위로와 응원의 메시지를 전한다면 무슨 말을 전하겠습니까?

맑은 맘으로 깨닫기

하나님은 유다 백성들에게 말씀을 전하기 위해 에스겔을 부르셨어. 하지만 유다 백성들이 말씀을 듣지 않을 것이라는 것을 이미 알고 계셨어. 아무도 듣지 않는 곳에서 하나님의 말씀을 전한다는 부담감은 에스겔에게 무거웠을 거야. 그럼에도 불구하고 하나님은 에스겔을 파수꾼으로 부르셨고 두렵지만 에스겔은 하나님의 말씀을 따르기로 했지. 지금 우리가 살고 있는 시대에도 많은 사람들이 하나님의 말씀을 외면하고 있어. 하지만 그렇다고 포기할 수는 없잖아? 듣든지, 듣지 않든지 하나님은 하나님의 말씀을 전하기를 원하고 계셔. 하나님이 우리를 이 땅에 하나님의 말씀을 지키는 파수꾼으로 세우셨거든. 그러니 이제 우리도 하나님의 파수꾼으로 이 땅의 말씀을 지키고 선포하는 사람이 되는 거야!!

바른 삶 가꾸기

1. 듣든지 아니 듣든지

(1) 위의 그림과 같은 상황을 보았거나 경험했던 이야기를 나누어 보고 기독교인으로 어떤 기분이었는지 이야기해 봅시다.

---

(2) 사람들이 거리에서 외치는 전도의 소리를 싫어하는 이유는 무엇일까요?

---

(3) 그럼에도 사람들은 왜 복음을 전하는 것일까요?

---

2. 나는야! 전도 요리사!

우리는 이 땅의 파수꾼으로 말씀을 지키고 전파해야 합니다. 그러기 위하여 나만의 전도전략이 있어야 합니다. 전도 요리사가 되어, 우리만의 전도 노하우를 전도 레시피로 만들어 봅시다.

전도 레시피	
요리 제목	
요리 설명	
재　료	
조 리 법	

8

참아야 하느니라!

맥짚어 보기

이스라엘의 캔디 : 에스겔

“외로워도 슬퍼도 나는 안 울어! 참고 참고 또 참지 울긴 왜 울어. 웃으면서 달려보자 푸른 들을, 푸른 하늘 바라보며 노래하자. 내 이름은 내 이름은 캔디” 캔디라는 만화가 있습니다. 캔디라는 고아 소녀가 많은 어려움을 이겨내고 사랑하는 사람을 찾아간다는 만화입니다. 다른 사람들이 놀리고 무시해도 캔디는 참 바보같이도 꿋꿋이 이겨냅니다. 이스라엘에도 캔디 같은 사람이 있었습니다. 그의 이름은 에스겔. 외로워도 슬퍼도, 참고 또 참고, 묵묵히 하나님의 말씀을 전하고 순종하는 에스겔의 모습을 살펴보고 배워봅시다.

오늘 만나게 될 말씀 | 에스겔 3:22~27, 4:1~17, 5:1~12

여는 활동 Body Language

진행방법

① 모둠을 둘로 나누어 한 명은 속담을 몸동작으로 모둠원에게 표현하고 모둠원은 이를 맞춥니다.

② 교사는 포스트잇 여러 장에다가 속담을 적고 주머니에 넣어 놓습니다.

③ 정한 시간 3분 동안 조장은 주머니 속에 넣어 둔 속담을 뽑아 각각 몸짓 언어로 표현해서 조원들에게 맞추도록 합니다.

④ 대결에서 진 모둠에게는 다음의 벌칙을 부여합니다(귀 옆 머리카락 뽑아주기).

* 속담뿐 아니라 영화제목, 노래제목도 가능합니다.

밝은 눈으로 살피기

1. 말 못하게 된 에스겔(겔 3:22~27)

에스겔에게 첫 번째 주어진 상징행위는 말을 못하게 된 것이었습니다. 말로써 하나님의 뜻을 전해야 할 선지자가 말을 하지 못한다니 이 일을 어쩌면 좋습니까?

상징 행위	숨겨진 뜻
아래는 에스겔의 입 안 모습입니다. 겔 3:26을 읽고 입 안 혀의 모양을 알맞게 그려보세요. 그리고 다 같이 그와 같은 혀 모양을 한 뒤 '주기도문'을 외워보겠습니다.	발음이 잘 되던가요? 왜 하나님은 이렇게 에스겔에게 말을 하지 못하게 하셨을까요? 겔 3:26~27을 읽고 이스라엘의 어떤 모습 때문인지 핵심 두 단어를 다음의 철자를 이용해 조합해 보세요.
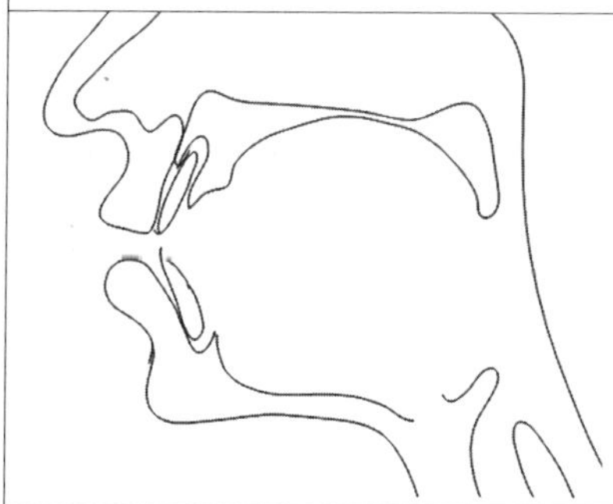	ㅂ ㅐ ㅇ ㅏ ㄴ ㅕ ㄱ ㅕ ㅍ ㄱ ㅇ

2. 누운 채로 살게 된 에스겔(겔 4:4~8)

에스겔에게 두 번째 주어진 상징행위는 바로 오랜 시간 누워 예언하는 것이었습니다. 그냥

책 속의 사전

상징행위(행위예언) | 하나님은 선지자에게 예언의 말씀을 주시되 행위를 통해 하나님의 뜻을 상징적으로 나타내도록 하신 것을 말합니다. 이런 행위는 단순한 행위만이 있는 것이 아니라 특별한 뜻과 상징을 담고 있습니다.

눕는 것도 아닌 밧줄에 꽁꽁 묶여서 말입니다. 어디 이게 가능하겠습니까?

<table>
<tr><th>상징 행위</th><th>숨겨진 뜻</th></tr>
<tr><td>겔 4:4~8을 읽고 아래의 표에
에스겔이 행했던 두 번째 상징행위의 모습을
알맞게 짝지어 서로 다른 무늬(▤과 ▥)로
표시해 보세요.</td><td>에스겔의 두 번째 상징행위에 담긴
하나님의 목적은 무엇이었는지 본문 겔 4:5을 읽고
다음의 ★★과 ☆☆에 공통으로 들어갈
표현을 찾아 써 봅시다.</td></tr>
<tr><td><table>
<tr><td>390일
동안</td><td>오른쪽으로
누워</td><td>이스라엘이</td><td>40년
동안</td><td rowspan="2">지은 죄를
담당토록</td></tr>
<tr><td>40일 동안</td><td>왼쪽으로
누워</td><td>유다가</td><td>390년
동안</td></tr>
</table></td><td>말씀 : 내가 그들의 (★★)한 (☆☆)대로 네게 날수를 정하였나니··· 죄악을 담당하고
해석 : 이스라엘과 유다가 하나님께 얼마나 오랫동안 (★★)를 저질렀는지 그 (☆☆)를 알게 하려고</td></tr>
</table>

3. 부정한 떡을 먹게 된 에스겔(겔 4:9~17)

에스겔에게 세 번째 주어진 상징행위는 사람이 먹어서는 안 될 부정한 떡을 먹는 것이었습니다. 그것도 아주 부족한 양으로 말입니다. 과연 어떤 떡이었기에 그랬을까요?

<table>
<tr><th>상징 행위</th><th>숨겨진 뜻</th></tr>
<tr><td>겔 4:9~15을 읽으면 에스겔이 먹어야 할
보리떡 요리법 및
아래와 같은 재료가 필요했습니다.
다음 중 필요 없는 재료를 찾아 X표시를 해보세요.</td><td>하나님이 에스겔에게 사람이 도저히
먹지 못할 것을 먹이신 이유는 무엇이었을까요?
겔 4:16~17을 읽고 이스라엘 백성과 하나님의 백성의
차이점은 수학의 부등호를 이용해 표현해 보세요.</td></tr>
<tr><td>
</td><td><table>
<tr><td colspan="3">하나님은 생각했습니다.</td></tr>
<tr><td>하나님 말씀 따르기</td><td></td><td>부정한 떡 먹지 않기</td></tr>
</table>
<table>
<tr><td colspan="3">이스라엘 백성은 생각했습니다.</td></tr>
<tr><td>하나님 말씀 따르기</td><td></td><td>부정한 떡 먹지 않기</td></tr>
</table></td></tr>
</table>

책 속의 사전

세겔과 힌 | 이스라엘 곧 히브리인들의 '세겔'은 처음에는 무게를 재는 단위였다가 나중에는 돈(동전)의 단위가 되었습니다. 무게를 잴 때에는 오늘로 치면 약 11.4g로 환산할 수 있습니다. 구약에서 액체의 부피를 재는 단위로 '힌'이 있습니다. 1힌은 3.8ℓ이므로 1/6힌은 약 0.6ℓ가 됩니다.

4. 머리털과 수염을 깎게 된 에스겔(겔 5:1~12)

에스겔에게 네 번째 주어진 상징행위는 머리카락과 수염을 모두 깎고 이것을 셋으로 나누어 불로 태우고, 칼로 자르고, 바람에 흩어버리게 하는 일이었습니다. 멀쩡한 얼굴의 머리카락과 수염을 모두 밀어버려야 하는 에스겔의 심정은 어땠을까요?

상징 행위	숨겨진 뜻
에스겔이 네 번째 상징행위를 실천하기 전과 후의 그림을 우리 손으로 그려봅시다.	에스겔이 자른 머리털과 수염은 이스라엘을 상징하는 것이었습니다. 겔 5:12을 읽고 하나님이 이 머리털과 수염 즉 이스라엘 족속들을 각각 어떤 모습으로 심판하고 처리하시는지 아래의 보기를 적절하게 연결해 보세요.
 Before After	(아래 보기)

1/3은 불에 사르고 •	1/3은 칼로 치고 •	1/3은 바람에 흩으라 •
• 사방에서 적군들의 칼에 엎드러질 것이며	• 사방에 백성과 가족을 뿔뿔이 흩어 버리고	• 전염병으로 죽으며 기근으로 멸망할 것이요

맑은 맘으로 깨닫기

이 모든 상징행위를 실천하면서 에스겔은 우리가 상상할 수 없는 엄청난 정신적 육체적 고통을 느꼈을 거야. '정말 내가 이 일을 해야 하나?' 따져보기도 했을 테고 말이지. 하지만 에스겔은 자신의 이익보다는 하나님의 영광을 목표로 살아갔던 선지자였어. 오직 하나님의 뜻을 이루기 위해 자신의 고통, 슬픔, 아픔 등에 연연하지 않았지. 이처럼 하나님의 부르심을 받은 사람은 오직 하나님의 도구로서 하나님의 일을 위해 헌신과 충성을 다해야 해. 참고 또 참고 또 참아서 하나님의 말씀 전하는 일과 천국 생명 구하는 일에 앞장서야 해. 하나님의 일을 하기 위해서는 많은 시련과 고난이 따를 수 있어. 하지만 그럴 때일수록 더욱 모든 것을 하나님께 맡기는 '절대 믿음', 하나님만 믿고 따르겠다는 '절대 충성', 그리고 내 모든 것을 드리겠다는 '절대 헌신'의 신앙을 우리 다짐해 보자. 어디 에스겔 앞에서 주름 잡아 볼까?

책 속의 사전

삭도 | 삭발이나 면도를 할 때 사용된 칼로, 돌이나 청동, 철 등으로 만들었다.
이스라엘에서는 제사장들이 삭도를 사용하여 머리를 깎되 대머리같이 만들거나 수염 양편을 깎아서는 안 되었고(레 21:5), 특별하게 서원했을 경우 그 기간 머리카락에 삭도를 대지 않았다(민 6:5).
또한 고대 근동지방에서 몸의 털을 미는 것은 포로에게 행하는 행위로써 모욕적인 행위였다.

바른 삶 가꾸기

모두가 YES할 때, 당신은 NO할 수 있습니까? 모두가 편하고 이익을 얻는 일을 하려 할 때, 당신은 불편하고 손해를 보는 일을 할 수 있습니까? 아래에 제시된 상황에서 과거 당신의 모습은 무엇이었습니까? 그리고 오늘 배운 바에 따라 하나님 앞에서 당신의 앞으로의 선택은 무엇입니까?

Before	상황	After
	많은 사람들이 모여 있는 가운데 친구들과 오가는 대화에서 은어와 비속어 심지어는 욕도 나오게 되었습니다. 이 상황 가운데 당신은?	
	1개 문제만 풀면 만점을 받을 수 있습니다. 그리고 만점을 받으면 장학금도 받을 수 있습니다. 주변의 친구들은 다들 부정행위를 합니다. 이 상황 가운데 당신은?	
	예배 중 친구로부터 문자를 받게 되었습니다. 설교를 경청해야 하는데 어서 답문을 보내라고 연락이 옵니다. 이 상황 가운데 당신은?	
	예배 시간이 다 되었는데 친구로부터 영화를 보러가자고 연락이 왔습니다. 이 기회가 아니면 그 영화를 못 볼텐데 이 상황 가운데 당신은?	

9

앗~뜨거워! 낯~뜨거워!

맥짚어 보기

앗! 뜨거워

'앗! 뜨거워, 앗! 뜨거워, 주님의 사랑' 이라는 어린이 찬양이 있습니다. 하지만 오늘 이야기에서는 아마도 에스겔이 이렇게 노래하는 것 같습니다. '앗! 뜨거워, 낯! 뜨거워, 우리의 생각'. 에스겔은 하나님께 선택받은 이스라엘 백성들의 생각과 마음이 죄를 범하고 있다고 지적하고 있습니다. 특히 겉으로 보기에는 잘 드러나지 않지만, 음란의 죄는 너무 커서 낯이 뜨거울 정도고, 소돔과 고모라보다 더 크다고까지 합니다.

오늘 만나게 될 말씀 | 에스겔 16:15~63

여는 활동 점블 점블

진행방법

① 술래가 한 글자로 운을 띄웁니다.(예 : 밤, 야, 색, 포, 핸)
② 각자 이 글자가 포함된 단어들을 생각합니다.(예 : 밤도둑, 밤이슬, 밤거리)
③ 다 같이 4박자 리듬 게임을 하는데, 다 같이 무릎 한 번 치고, 손뼉을 한 번 치고, 그 다음 '점블'이라고 두 번 말합니다. '쿵, 짝, 점블 점블'을 4박자 리듬에 맞추어 한 다음에 생각한 단어를 외쳐봅니다.
④ 리듬이 엉키거나, 중복된 단어를 말한 사람은 벌칙을 받고 술래가 됩니다.
⑤ 술래가 된 사람은 새로운 단어를 생각해서 운을 띄우고 게임을 시작합니다.

Tip | ○루○기 / ○수○산 / ○글○글/○연보○ / ○렁○ / 뽀○○ 등을 채워 넣기로 응용 가능합니다. 영어찬스로 술래가 선택한 영어알파벳으로 시작하는 단어 맞추기도 가능합니다.

밝은 눈으로 살피기

1. 유다의 잘못들

하나님은 이스라엘 백성을 결혼한 사이처럼 사랑하는 사이라고 하셨지만, 남왕국 유다의 백성들은 이런 하나님의 사랑을 저버리고 죄를 저지르기 시작했어요.

(1) 먼저 다음 ○○에 들어갈 만한 단어들을 자유롭게 연상해서 말해봅시다.

1) 자신의 ○○○을 믿음
2) 명성을 인하여 ○○함
3) 색스러운 ○○을 만들고 거기서 ○○함
4) 남자 ○○을 만들어 행음함
5) ○○를 우상에게 제물로 드림
6) 옛일을 기억하지 아니하고 모든 ○○한 일과 ○○을 행함
7) 남편 대신 외인과 ○○함

(2) 이제 겔 16:15~34을 읽어보고 네모 안에 숨겨진 단어를 찾아 정답 ○○를 맞춰보세요.

정	현	질	서	이	지	매	난
치	혈	투	기	가	증	화	죽
사	치	쟁	점	인	권	산	당
대	중	화	성	박	난	초	난
맞	고	려	대	명	산	당	음
치	사	함	성	수	파	황	란
시	기	지	산	유	재	정	석
폭	화	박	야	지	행	음	악
노	홍	용	행	폭	탄	영	치
미	움	철	땡	력	자	녀	화
용	우	상	박	공	연	란	음

2. More than 소돔(겔 16:48~52)

성경(창 19:23~28)에서 소돔과 고모라는 죄악으로 심판을 받은 도시입니다. 그런데 하나님은 남왕국 유다의 죄가 소돔보다 더하다고 합니다. 어떤 죄들이 있었을까요? 아래 저울에 남유다와 소돔과 고모라의 죄를 적어 보세요.

3. 회복을 약속하셨어요.(겔 16:62~63)

첫 번째 그림은 물이 정화되는 순서를 나타낸 것입니다. 물이 취수장에서 순환되어 정화되듯이 하나님의 백성들도 그와 같이 순환되어 정화됩니다. 두 번째 그림에서 이를 나타내 보시기 바랍니다. 본문을 읽고 정화되는 과정과 순서에 맞는 키워드를 빈 칸에 알맞게 적어 보세요.

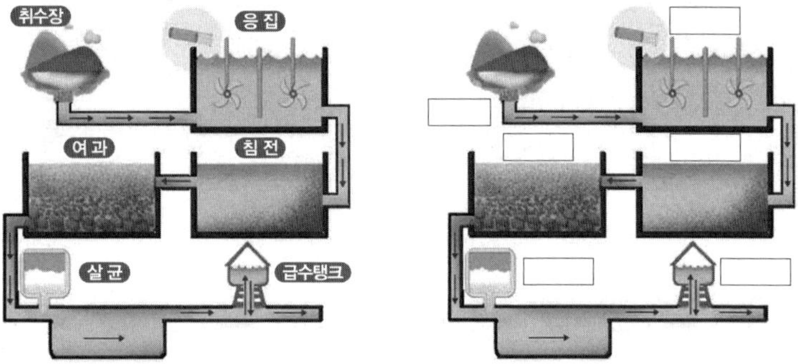

맑은 맘으로 깨닫기

하나님은 이스라엘 백성과의 관계를 아름다운 사랑의 관계로 비유하여 말씀하고 계셔. 그런데 사랑하는 사람이 음란함으로 바람을 피운다면 어떻게 될까? 다시 사랑할 수 있을까? 그 관계는 깨질 수밖에 없지. 하지만 하나님은 우리와 헤어지지 않으신단다. 다시 첫사랑을 회복하게 하시고, 다시 사랑하게 하시지. 이것이 하나님의 사랑이란다.

바른 삶 가꾸기

오늘날 우리가 알고 부르고 있는 대중가요와 유행가 가사 중에서 우리의 정서와 문화, 그리고 청소년이 듣고 부르기에 부적합한(성적 표현, 욕설과 비속어, 은어) 노래와 가사가 있는지 찾아보고 이야기 해 봅시다. 그리고 이에 대해 그리스도인으로서 어떤 비판적인 태도를 가져야 하는지 이야기해 봅시다.

10

해결사를 찾아서

맥짚어 보기

결정적 그 장면

추리영화를 보면, 결정적일 때 사건을 해결하는 사람이 있습니다. 우리는 그들을 해결사라 부르죠. 그들은 사건을 해결하는 결정적인 실마리를 가지고 있습니다. 절대 풀리지 않을 것 같은 사건을 해결하는 한 사람, 결정적인 힌트를 가지고 있는 한 사람, 우리가 그 한 사람이 될 수 있습니다. 어떻게? 오늘 말씀 속에 그 방법이 있습니다.

오늘 만나게 될 말씀 | 에스겔 36:16~20, 37:1~14

여는 활동 내 짝을 찾아서

진행방법

① 두 단어가 짝을 이루는 단어들을 만들어 한 단어씩 쪽지에 적어냅니다.
② 쪽지들을 모아 제비뽑기를 하고, 뽑은 쪽지를 자기의 몸 한쪽에 붙입니다.
③ 게임이 시작되면 구성원들은 뛰어다니며 다른 사람의 몸에 붙어 있는 이름을 보고 자신의 짝을 찾아야 합니다. 그러면서 자기 이름은 보이지 않도록 해야 합니다.
④ 3분이 지나고, 모두 함께 둥그렇게 서서 자신의 짝을 지목해 봅니다.
⑤ 지목한 상대방이 서로 맞는다면 자신의 이름을 밝혀봅시다.
⑥ 아직 자신의 짝을 못 찾은 사람들은 1~4번 과정을 반복하면서 자신의 짝을 찾아봅시다.

밝은 눈으로 살피기

1. 사건의 발단

아래의 그림에서 온전히 하나로 붙어있어야 하는 뼈들이 왜 이리저리 흩어져 있을까요? 흩어진 뼈마디마다 적혀있는 말씀(겔 36:18~19)을 조합하여 누가 왜 그랬는지 그 이유를 찾아봅시다.

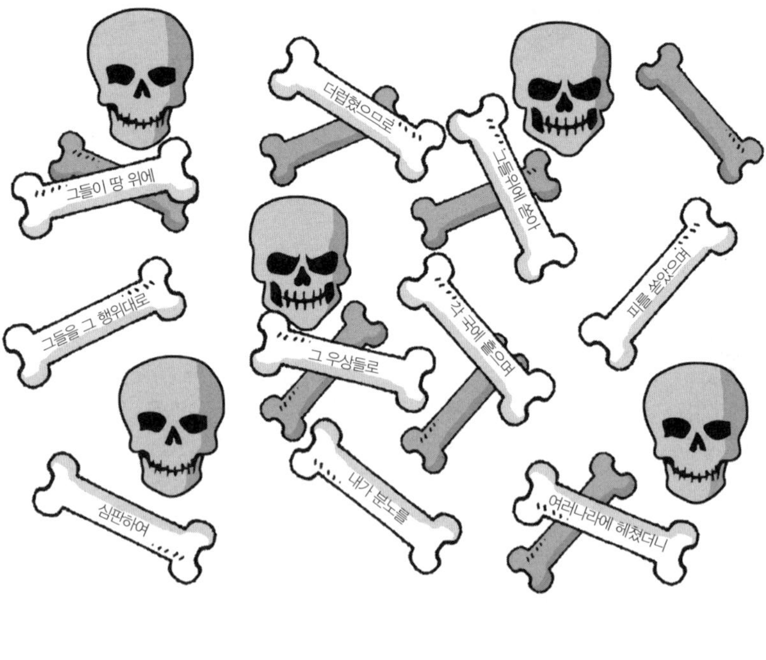

2. 사건의 실마리

흩어져 있는 이 마른 뼈들을 정리하기 위하여 하나님은 에스겔에게 해결책을 주십니다. 겔 37:1~10을 읽고 의논해 본 뒤, 아래의 필름 그림 순서에 맞추어 본문의 절을 나누어 봅시다(예: 상황은 1~2절의 내용). 그리고 그 중에서 명령과 실행과 결과의 키워드가 되는 단어들을 찾아봅시다.

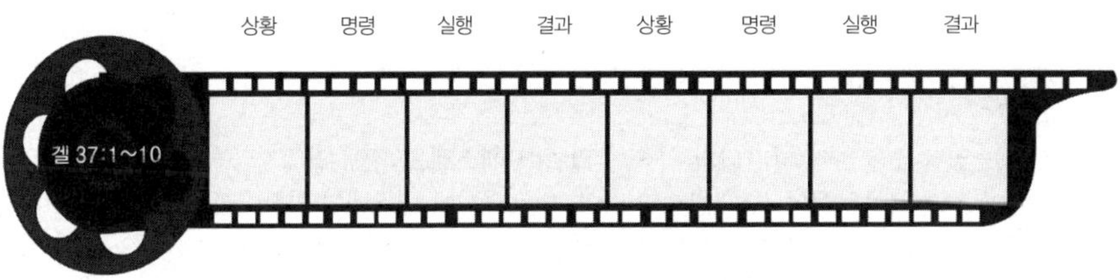

3. 사건의 해결사

(1) 에스겔은 마른 뼈들과 같이 소망이 없는 이스라엘 백성에게 하나님의 약속을 전합니다. 겔 37:12~14에 나타난 하나님의 약속은 무엇이었나요?

하나님의 약속

1. ______________________________
2. ______________________________
3. ______________________________
4. ______________________________
5. ______________________________

(2) 마른 뼈들을 살리시면서 하나님이 진정 강조하시는 것은 무엇일까요? 여러분이 생각하는 중요한 단어에 강세를 찍어 보고, 힘 있게 읽어봅시다.

"나 여호와가 이 일을 말하고 이룬 줄을 너희가 알리라. 여호와의 말씀이니라."(겔 37:14 下)

맑은 맘으로 깨닫기

이스라엘은 예부터 사람이 죽으면 가족무덤에 함께 묻는 것이 전통적인 매장 방법이었지. 하지만 에스겔이 본 것은 가족 무덤은 커녕 이리저리 흩어져있는 골짜기들의 마른 뼈들이었어. 이것은 죄악으로 인해 비참한 포로생활을 하는 이스라엘 백성들의 모습이기도 하지. 하지만 이런 마른 뼈들에게 에스겔은 다시 살아나 이스라엘 땅으로 들어가게 한다는 하나님의 약속을 전하고 있어. 그리고 이 말씀을 약속하신 이가 바로 하나님임을 계속 강조하고 있지.

바른 삶 가꾸기

오늘 말씀을 통하여 하나님의 약속의 말씀이 에스겔을 통해 전해져 골짜기의 마른 뼈들이 살아난 것을 들었습니다. 그렇다면 만약 지금 당신이 에스겔의 입장이라면, 가장 먼저 하나님의 약속의 말씀을 전하고 싶은 마른 뼈들이 있는 골짜기는 어디입니까? 아래의 보기 중에서 하나씩 골라 왜 그곳에 약속의 말씀을 전해야하는지 말해봅시다.

(1) 나라 : 북한, 일본, 중국, 아프리카, 중앙아시아 등

(2) 지역 : 서울, 대전, 대구, 부산, 광주, 제주 등

(3) 건물 : 청와대, 경찰서, 학교, 학원, UN 등

(4) 장소 : 시장, 운동장, 버스, 지하철, 술집, 노래방 등

11

최후의 결전

맥짚어 보기

최후의 승리

에스겔 1장에서부터 시작된 이스라엘을 향한 경고와 심판의 말씀은 이제 여기에 이르러 회복과 승리의 이야기로 끝을 맺게 됩니다. 이를 위해 하나님은 마지막으로 마곡 땅의 왕 '곡'을 심판의 도구로 불러 일으키십니다. 하나님과 이스라엘 백성들을 대적하던 '곡' 왕은 최후의 일전으로 이스라엘을 침략하고 약탈하려 하지만, 결국 이들은 하나님의 심판 아래 멸망하게 되고 이스라엘은 하나님의 백성으로 완벽하게 회복하게 됩니다. 그러나 이 모든 것은 그 누구의 노력과 의지도 아니었으며 오로지 하나님 자신의 거룩함과 열심에 의해서 이루어진 것이었음을 에스겔은 강조합니다. 하나님이 이루시고자 하는 모든 일에는 어떤 부족함도 약점도 없는 완전한 성취가 될 것이므로 이를 믿는 자는 그분의 성취에 동참하게 될 것임을 일러주고자 합니다.

오늘 만나게 될 말씀 | 에스겔 38:1~39:29

여는 활동 도전 1:10

진행방법

① 모둠 구성원들 중 1명을 도전자로 선정하고, 나머지는 모두 도전자의 상대자가 된다.
② 도전자는 모둠 구성원들이 돌아가며 할 수 있다.
③ 각 단계마다 제시되는 문제나 놀이에 도전자와 상대자들이 동시에 답하거나 행동하여 승패를 가르는 활동이다.
④ 도전자가 문제를 맞히거나 특정 행동을 보이면 이와 같은 답과 행동을 한 상대자는 살아남게 되고, 틀린 답과 다른 행동을 한 상대자는 탈락한다.
⑤ 이를 반복 진행하여 도전자가 나머지 상대자들을 모두 탈락하게 만들면 도전자의 승리로, 도전자가 먼저 문제를 틀려 탈락하면 상대자의 승리로 판정한다.
⑥ 구체적인 활동의 예로는 다음의 몇 가지를 제시한다.

* **가위바위보** 1:10
  - ㉠ 도전자와 상대자들이 마주보고 동시에 가위바위보를 한다.
  - ㉡ 도전자와 같거나 이긴 상대자는 살아남고 진 사람은 탈락한다.
  - ㉢ 살아남은 상대자들과 다시 한 번 가위바위보를 한다. ㉡과정을 반복한다.
  - ㉣ 상대자가 모두 져서 탈락하면 도전자의 승리가 된다.
  - ㉤ 마지막 1명이 상대자로 남으면 진짜 가위바위보로 승패를 가른다.
  - ㉥ 단순한 가위 바위 보 보다는 온 몸으로 표현하는 가위바위보도 재미를 더해 준다.

* 골든벨 1:10
  - ㉠ 진행자는 필기도구와 메모지를 준비하여 각 사람에게 나누어 준다.
  - ㉡ 진행자는 미리 다양한 분야의 문제를 준비해 와야 한다.
  - ㉢ 진행자가 출제하는 문제에 도전자와 상대자는 메모지에 답을 적어 서로에게 보여준다.
  - ㉣ 도전자나 상대자가 문제를 틀리면 탈락하게 되고, 도전자와 같이 문제를 맞힌 상대자는 살아남아 다음 단계의 문제를 풀게 된다. 상대자가 모두 틀려 탈락하면 도전자의 승리가 된다.
  - ㉤ 진행자는 단계가 올라갈수록 문제의 난이도를 조절할 필요가 있다.

밝은 눈으로 살피기

1. 최후의 결전을 앞두고 이스라엘을 노리는 수많은 세력들이 연합하는 모습을 겔 38:1~9에서 찾아볼 수 있습니다. 본문에 나타난 대치 상황을 아래의 그림에 적절하게 표현해 봅시다. 빈칸에 맞는 이름을 써 넣어 보세요.

책 속의 사전

마곡 땅의 곡 | 여기서의 마곡과 곡은 구체적인 지명과 인명을 일컫는다기보다 하나님과 이스라엘을 대적하는 세상의 모든 세력을 통칭하는 비유적인 나라와 지도자를 가리킵니다. 이 곡과 연합한 나라들을 보면 전 세계적으로 널리 퍼져있는 분포를 보이는데 이 역시도 세상의 모든 악한 세력을 말하는 것으로 이해하면 됩니다.

주체/배후	참전국
(　　　)	38:2 (　)(　)(　) 38:5 (　)(　)(　) 38:6 (　)(　)

참전군	주체/배후
이스라엘	(　　　)

2. **처음에는 전쟁의 승리가 곡의 연합군 쪽으로 기우는 듯 해보였지만 하나님은 겔 38:17~39:24을 보면 이들 침략자들을 물리치고 심판하십니다.**

(1) 곡의 연합군과 하나님의 군대는 각각 어떤 무기로서 전쟁했고 또 서로 어떻게 달랐는지 이야기 해 봅시다. 그림의 무기 아이템에서 곡의 연합군 무기와 하나님의 군대 무기를 선택해 빈칸을 채워 봅시다.

전염병	미사일	활	세균	창	불	유황	폭우	피
지진	몽둥이	우박	바이러스	화살	장풍	번개	방패	총

곡의 연합군 무기	
39:3	39:9
39:9	39:9

하나님의 군대 무기			
39:19	39:22	39:22	39:22
39:22	39:22	39:22	

(2) 마침내 전쟁의 결과가 드러났습니다. 하나님이 곡의 연합군을 다음과 같이 차례차례 심판하십니다. 아래의 본문을 찾아 빈 칸마다 하나님의 '심판 동사'를 적어보고 어떤 느낌이 드는지 서로 이야기를 나눠 봅시다.

1단계	2단계	3단계	4단계
39:4~5 엎드러지리라	39:9~10	39:12~16 매장하리라	39:17~20

3. 이미 이 전쟁은 결과가 뻔한 전쟁이었습니다. 세상의 주인 되신 하나님께 어떤 대적도 승리할 수 없음은 당연한 이치였습니다. 결과적으로 겔 39:25~29에서 하나님은 최후의 승리와 영광을 이스라엘에게 선언하고 있습니다. 아래의 빈 칸에 하나님의 선언문을 완성해 봅시다.

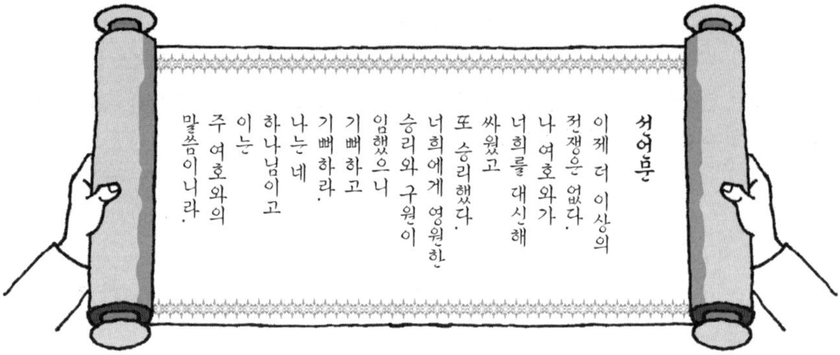

하나, 이스라엘은 ( )에서 돌아오고, 이스라엘은 ( )받는다.(25절)

하나, 이스라엘은 ( )를 뉘우치고, 이스라엘은 평안히 ( )한다.(26절)

하나, 이스라엘을 모으고 이스라엘에게 ( )을 쏟아준다.(28~29절)

맑은 맘으로 깨닫기

이스라엘을 침략하고 멸망시키려던 수많은 이방 민족들이 있었지? 하지만 그들의 마지막은 어땠었니? 하나님은 하나님의 백성을 가만히 내버려 두시지 않았어. 하나님의 방법으로 하나님의 전쟁으로 그들을 심판하시고 멸망시키셨으며, 결국 하나님의 백성을 보호하여 그들에게 승리의 기쁨을 맛보게 해주셨어. 잠시 잠깐 진 것 같기도 하고, 넘어진 것 같기도 하며 패배의 슬픔을 맛볼 수도 있지만, 이것 봐! 하나님을 믿는 자에게는, 하나님을 따르는 사람에게는 패배란 없잖아? 결국 그 모든 것을 물리치고 이기게 되잖아? 우리가 하지 않아도 하나님은 우리를 위해 싸우시고 우리를 위해 승리를 예비해 주신다자나. 어때? 세상에 네가 이기지 못할 대상은 아무것도 없어. 하나님의 이름 아래, 하나님의 심판 아래 너를 억누르고 너를 무릎 꿇게 하는 모든 것은 멸망할거야! 하나님이 분명 그렇게 하실 거야. 이것을 믿고 살아가는 우리가 되자.

책 속의 사전

하몬곡의 골짜기, 하모나 성읍 | '하몬곡'은 '곡의 아우성, 곡의 외침'이라는 뜻으로 전쟁에서 패한 곡의 연합군들이 이스라엘에 의해 매장당하고 묻힌 골짜기와 그 성읍의 이름을 말합니다. 완벽한 승리의 상징으로 하나님으로부터 이름 지어졌습니다.

바른 삶 가꾸기

오늘 말씀을 통해 우리는 세상과의 영적인 전쟁을 하고 있는 나의 모습을 발견하게 됩니다. 갖은 수단과 방법을 동원해 나를 무너뜨리려 하고, 나의 믿음과 신앙을 방해하려는 악의 무리가 있죠. 또한 나의 등 뒤에서 나를 든든히 지원해 주는 지원군도 있죠. 아래 그림을 통해 나의 형편과 상황에 맞게 대상을 적어 넣어 봅시다.

주체/배후	참전군
나를 방해하는 세력, 나를 넘어뜨리려는 무리	그들이 사용하는 무기, 아이템

참전군	주체/배후
내 이름 ( )	나를 도와주시는 분, 나에게 힘을 주시는 존재

12

나로부터 시작되리

맥짚어 보기

바윗돌 깨트려

"도랑물 모여서 개울물, 개울물 모여서 시냇물, 시냇물 모여서 큰 강물, 큰 강물 모여서 바닷물!" 이런 동요가 있습니다. 작은 도랑물들이 흐르기 시작해 바다를 이룬다는 노래입니다. 오늘 말씀에서 에스겔도 아마 이 노래를 부리지 않았을까 상상해봅니다. 성전에서 나오는 도랑물이 모여서 무슨 바다를 이룰까? 함께 공부해 봅시다.

오늘 만나게 될 말씀 | 에스겔 47:1~12, 48:1~35

여는 활동 땅따먹기

진행방법

집								
								집

집								
								집

① 1:1 대결로 자신의 집을 중심으로 자신의 영역(칸)을 넓혀나간다.
② 가위바위보를 해서 이길 때마다 영역을 이어서 색칠 할 수 있다.
③ 가위로 이기면 1칸, 바위로 이기면 2칸, 보자기로 이기면 3칸을 넓혀나간다.
④ 더 이상 움직일 수 없을 때, 게임을 종료하고 가장 많은 영역을 차지한 사람이 승리한다.

밝은 눈으로 살피기

1. 성전에서 나오는 물

(1) 겔 47:1~7을 읽고 다음 그림을 순서대로 정리해 보세요. 그리고 이어진 그림을 자기 말로 설명해 보세요.

A. 문지방 밑에서 물이 나오는 장면	B. 물이 목까지 차는 장면	C. 물이 오른쪽에서 스며 나오는 장면	D. 강 좌 우편에 나무가 많은 장면	E. 물이 발목에 차는 장면
		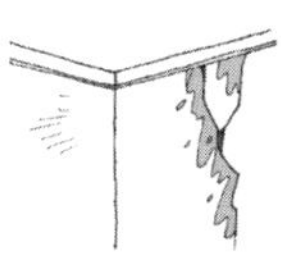	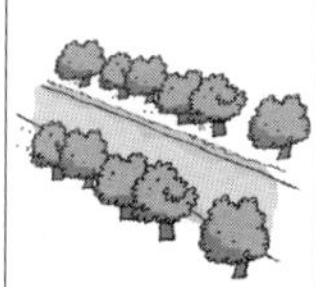	

순서 : ________ ··· ________ ··· ________ ··· ________ ··· ________

(2) 성전에서 흘러나오는 물은 바다로 흘러들어 바다를 되살리기 시작합니다. 겔 47:8~12을 읽고 성전의 물이 흘러 '새롭게 되살리는 것'들을 찾아 보세요. 글자나 그림에 표시를 해보세요.

(3) 표시되지 않은 부분은 무엇입니까?

(4) 진펄과 개펄은 되살아나지 못하고 소금 땅이 된 이유는 무엇일까요?

2. 하나님의 부동산

(1) 하나님은 회복된 땅을 12지파에게 공평하게 나누어 주시려고 하십니다. 겔 47:1~8, 23~29을 읽고 다음 지도를 보며 빠진 지파의 이름을 채워봅시다.

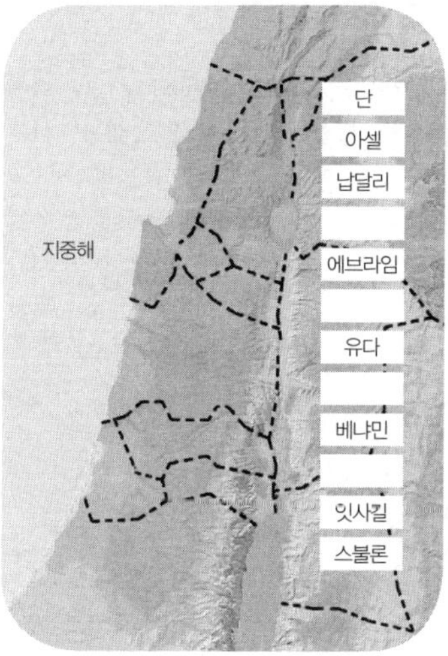

(2) 하나님은 유다와 베냐민의 사이의 땅에 대해서 설명하셨습니다. 9, 11, 14, 18절을 읽고 이 땅에 대한 설명 중 옳은 것을 찾아서 그림의 구별되어진 땅과 연결해 보세요.

1. 이 땅은 백성들이 공평하게 나누어 가져야 돼.
2. 이 땅은 하나님께 드리는 땅이야.
3. 내가 이 땅을 너에게 3000만원에 팔게.
4. 이 땅은 하나님의 것이야 사고 팔 수 없어.
5. 처음 익은 열매는 다른 사람에게 줄 수 없어.
6. 처음 익은 열매는 제사장에게 주어야해.
7. 이 땅의 소산은 성에서 일하는 이의 양식이야.

3. 여호와 삼마

땅을 구별한 이후로 이 성읍을 "여호와 삼마" 라고 불렀습니다. 이 뜻은 "여호와께서 거기에 계시다"라는 뜻입니다. 여호와 삼마를 사용해 5행시를 지어보세요.

여 : ____________________

호 : ____________________

와 : ____________________

삼 : ____________________

마 : ____________________

맑은 맘으로 깨닫기

성전에서 흘러나온 물은 강물을 타고 흘러 바다까지 이르게 되지. 그런데 그 성전의 물이 지나는 곳마다 놀라운 일들이 벌어지기 시작했어. 생물들과 나무들은 살아나고 어부들은 물고기들을 많이 잡을 수 있게 되었어. 게다가 소금 땅은 남겨두셔서 사람들이 소금을 먹고 살 수 있도록 세심하게 배려까지 해주셨지. 그리고 백성들에게 회복되어진 땅을 공평하게 나누어 주실 뿐만 아니라 거룩한 땅을 구별하셔서 하나님이 새롭게 하신 일들을 기억하게 하셨어. 성전의 물이 땅을 회복시킨 것처럼 우리도 예수님의 보혈로 새롭게 된 사람들이야. 이제 우리를 통해서 또 하나님은 우리의 이웃과 사람들을 회복시키기를 원하셔. 이제 우리와 우리가 속해 있는 교회를 통해 무엇을 할 수 있는지 생각해보자!

바른 삶 가꾸기

예수님의 보혈로 회복된 우리가 모인 곳은 교회입니다. 하나님은 교회를 통해 우리 사회를 회복시키길 원하십니다. 교회를 통해 우리 주변지역을 어떻게 변화시킬 수 있을까요? 나를 통해 교회가 할 수 있는 일에 대해서 생각해 봅시다.

가정

문제점 ____________________

____

How ____________________

____

____

학교

문제점 ____________________

____

How ____________________

____

____

나

문제점 ____________________

____

How ____________________

____

____

이웃

문제점 ____________________

____

How ____________________

____

____

청소년을 위한 성경공부

성경의 맥잡기 **6**권

발행일 2012년 6월 7일
글쓴이 선우준, 안정도, 이동식, 한수광, 황경록
발행인 양금희
편집인 이지영
그 림 이태영
주 소 143-756 서울시 광진구 광장로 5길 25-1(광장동 353)
전화 (02)444-3193, 450-5424~5
팩스 (02)458-4613
홈페이지 www.ceri.co.kr
디자인 제작 (주)보임 (02)2267-0006

가격 2,500원

에듀랜드 Eduland
● 에듀랜드는 Education, Land의 합성어로 '교회교육이 숨쉬는 땅'을 표현하는 기독교교육연구원의 상징입니다.